Faire une pause et décider

Faire une pause et décider

Une approche consciente des décisions quotidiennes

Évangéline Brooks

Mindful Pages

Publié en 202 5

Livres: 9789362923561 (PB)
ISBN: 9789362922700 (eBook)

Publié par

Mindful Pages
Mentions légales d'Alpha Editions LLC
312 W. 2nd St #1834
Casper, WY 82601, États-Unis
www.mindfulpagespublishers.com

Contenu

Introduction

Le monde moderne est submergé par les nouvelles avancées technologiques, un rythme de vie effréné et une abondance d'informations dont nous sommes bombardés chaque jour, ce qui fait qu'une bonne décision est l'une des choses les plus puissantes au monde. Une réalité présente : nous sommes confrontés à d'innombrables choix, petits et grands, qui nous mènent sur un chemin ou un autre, qui décident finalement de notre destin. Mais dans le tourbillon de la vie, combien de fois nous arrêtons-nous pour contempler toutes les décisions que nous prenons, combien de fois faisons-nous ce que nous voulons en pleine conscience de nos valeurs et de nos objectifs stratégiques à long terme, avec le risque potentiel de nuire à notre bien-être ? Ce livre emmène le lecteur dans un voyage sur la façon de prendre des décisions conscientes ; une pratique qui nous permet d'affronter nos décisions avec clarté, patience et détermination.

Si la pratique rend parfait, la prise de décision consciente ne consiste pas seulement à ralentir, mais plutôt à prendre conscience de ce qui se passe et à créer un espace dans lequel nous pouvons voir chaque choix tel qu'il est réellement, sans être affectés par le brouillard créé par le stress, l'anxiété ou les réactions de combat ou de fuite. La prise de décision consciente est un muscle que vous pouvez développer et faire grandir, qui provoque une pause, une réflexion et une relation de cause à effet, au lieu d'une réaction et d'une contre-réaction. Dans ce premier chapitre, nous aborderons l'importance de la prise de décision consciente, les erreurs courantes, qui aboutissent souvent à une prise de décision hâtive ou émotionnelle, et ce que le lecteur peut espérer accomplir en suivant ce cheminement.

Prise de décision consciente : le cheminement

C'est un processus qui nous permet de mieux nous connaître, de pratiquer la maîtrise de soi. C'est un voyage de pleine conscience au cours duquel nous en venons à comprendre notre esprit. Ce voyage va bien au-delà de faire de meilleurs choix. Il va changer toutes nos façons de penser, de ressentir et d'agir envers le monde. La pleine conscience, en son cœur, signifie simplement remarquer ce qui se passe à tout moment, être conscient de nos pensées et de nos sentiments tels qu'ils sont, sans jugement ni résistance. Elle élargit notre potentiel de prise de décision car lorsque nous pratiquons la pleine conscience, nous commençons à acquérir la perspective nécessaire pour prendre des décisions avec la plus grande clarté et la plus grande intention, ouvrant ainsi un espace mental pour choisir ce qui résonne le mieux avec notre cœur.

C'est un défi, et le défi peut aussi être gratifiant, mais c'est aussi un voyage en soi . Cela nous invite à examiner nos routines, nos réactions instinctives et les innombrables façons dont nous avons pu échapper à la peur, au désir de commodité ou à la pression sociale. C'est un voyage qui vous obligera à découvrir les principales qualités de croissance, d'humilité et de souplesse. C'est par la pratique de la prise de décision consciente que nous commençons à nous libérer des entraves du conditionnement ancestral et à entrer dans une vie intentionnelle et pleine de sens. Il ne s'agit pas d'une solution immédiate, mais plutôt d'une lente progression vers une plus grande conscience, une plus grande présence dans le présent, une plus grande force intérieure, et tout cela créera une vie meilleure.

La pleine conscience et son rôle dans la prise de décision

La pleine conscience est un mot communément associé à la méditation, à la relaxation et à la déstressation. La pleine conscience est bien plus que ces pratiques ; c'est un état d'être qui nous oblige à être présent à l'instant, à prêter attention à ce que nous faisons, à nos sentiments et à nos pensées, à les observer avec élégance sans porter de jugement. La pleine conscience dans la prise de décision rend le processus décisionnel beaucoup plus calme, clair et perspicace. Nous devenons moins réactifs, plus contemplatifs et plus capables d'examiner la totalité d'une circonstance avant de prendre une décision .

La pleine conscience comme outil de prise de décision La pleine conscience est un outil puissant dans le contexte de la prise de décision pour de multiples raisons. D'une part, elle nous permet de voir les émotions et les contextes qui peuvent influencer nos décisions. Nous possédons tous un schéma inconscient dans une certaine mesure ; il peut s'agir d'éviter les conflits, de rechercher l'approbation ou de prendre des décisions hâtives sous le stress. Cependant, avec la pleine conscience, nous observons ces inclinations et sommes capables de choisir en fonction de nos valeurs authentiques plutôt que de sentiments superficiels ou d'attentes sociales.

En outre, la pleine conscience nous permet de prendre des décisions intuitives et ouvertes à toutes les possibilités. Nous pouvons examiner tous les aspects de la situation sans nous sentir obligés de tirer des conclusions hâtives ou de nous en tenir à nos premières impressions. Mais une telle ouverture d'esprit est souvent essentielle pour pouvoir prendre les décisions éclairées et nuancées que ces situations complexes nécessitent souvent ; la voie à suivre est rarement évidente. Il s'agit simplement de prendre des décisions avec un esprit calme, sans peur, sans savoir quoi faire, en ayant confiance que les réponses viendront, simplement en prenant le temps d'explorer nos choix en profondeur au lieu de nous précipiter.

Aperçu des erreurs Les choix les plus impulsifs ou motivés par le stress

Même si nous avons les meilleures intentions du monde, la plupart d'entre nous ont tendance à faire des choix dans la précipitation ou sous l'effet du stress. Le mot choix pourrait être « réagir » au lieu de « répondre » — c'est un pansement qui peut s'estomper, mais nous nous retrouverons vides et parfois avec un sentiment de culpabilité après avoir découvert que notre action laissera des traces sur nous et sur les autres. Dans des situations de forte pression, nous nous sentons surchargés et essayons simplement de faire les choses correctement, de sorte que les choix motivés par le stress abondent. Dans des moments comme celui-ci, il est extrêmement facile de prendre des décisions qui apportent un soulagement instantané, pour découvrir ensuite qu'elles ajoutent aux tracas des années à venir.

L'erreur la plus grave que l'on puisse commettre lorsqu'on prend une décision sur un coup de tête est peut-être de se laisser guider par le plaisir immédiat plutôt que par des objectifs à long terme. Nous pouvons décider d'acheter quelque chose pour nous sentir mieux face au stress, mais cela nous amènera plus tard à nous sentir stressés financièrement. Ou bien, nous pouvons accepter une obligation que nous ne souhaitons pas réellement assumer, juste pour éviter de décevoir quelqu'un d'autre. Ces décisions hâtives sont souvent prises en même temps que nous reconnaissons que nous ne savons pas vraiment ce dont nous avons besoin au-delà du niveau superficiel, parce que nous n'avons jamais pris le temps de nous en rendre compte et de nous découvrir nous-mêmes, et elles finissent par nous sembler vides ou même blessantes avec le temps.

En outre, les décisions prises dans un contexte de stress sont généralement motivées par la peur ou l'anxiété. Lorsque vous êtes stressé, votre cerveau entre dans un simple mode de survie, resserrant la concentration et limitant le fonctionnement complet de votre capacité de réflexion. Dans cet état, nous risquons de perdre de vue l'essentiel, de minimiser les possibilités ou de ne pas reconnaître les conséquences réelles de nos décisions. Reconnaître ces tendances inconscientes nous invite à réfléchir à ce que la prise de décision consciente pourrait faire pour transformer ces comportements conditionnés et à la manière dont elle peut nous servir à un niveau optimal à long terme.

Ce que les lecteurs obtiendront de ce livre et

En parcourant les pages de ce livre, les lecteurs trouveront des techniques, des idées et des conseils pour devenir des décideurs plus conscients. Ce livre n'offre pas de solutions rapides ou de remèdes instantanés ; il propose plutôt un chemin vers un mode de pensée qui peut être inclus dans chaque partie de votre vie. À chaque chapitre, vous apprendrez des exercices pragmatiques, des histoires réelles et des questions de contemplation pour consolider votre apprentissage de la pleine conscience et de la façon dont elle peut transformer votre processus de prise de décision.

Ce livre aide les gens à reconnaître et à gérer leurs émotions dans leur processus de prise de décision afin qu'ils puissent réagir plutôt que réagir. Ils apprendront des moyens de s'ancrer dans l'ici et maintenant, ce qui les aidera à ressentir une certaine paix intérieure lorsque les choses deviennent chaotiques. Grâce à ce livre, les lecteurs auront également une meilleure compréhension des raccourcis mentaux et des facteurs cachés qui pourraient influencer leurs préférences, leur permettant de faire des choix qui reflètent leurs croyances et leurs désirs les plus profonds.

En conclusion, le livre vous accompagne sur le chemin vers des choix conscients et des références, des conseils et un soutien moral vous sont proposés comme tremplins dans ce processus. Au final, les lecteurs seront mieux équipés pour affronter les moments de choix avec plus de conscience, d'intention et de sagesse au cours du voyage. Ils seront préparés à faire des choix qui leur apporteront un succès extérieur et un véritable sentiment de paix intérieure et d'épanouissement.

Le premier chapitre pose les bases de ce qui va suivre. Les chapitres suivants développeront les pratiques, les principes et les perspectives qui font de la prise de décision consciente un mode de vie. Chaque décision que nous prenons devient une occasion d'être conscient, de faire des choix en accord avec nos valeurs et de nous orienter vers la vie que nous voulons mener. Maintenant, lorsque vous tournez la page et passez au chapitre suivant, sachez que ce voyage ne consiste pas seulement à faire de meilleurs choix, mais aussi à devenir plus conscient, plus durable et plus réel que jamais.

1

Les fondements de la prise de décision consciente

Étant donné que, dans notre monde de choix trop original, il semble y avoir plus de choix à faire plus fréquemment que de respirations à prendre, la prise de décision consciente pourrait bien être l'étoile du Nord. Mais qu'est-ce que la prise de décision consciente, en réalité ? C'est le type de prise de décision qui transcende la logique, les listes de pour et de contre et les jugements hâtifs. Dans sa forme la plus élémentaire, la prise de décision consciente consiste à prendre chaque décision en toute conscience et avec un objectif précis, de manière à ce que vos actions soient en accord avec vos valeurs et, objectifs à long terme . La prise de décision consciente, en revanche, est un processus délibéré et réfléchi qui nous permet de réfléchir à la manière dont nous voulons réagir et à l'effet que notre décision aura sur nous, sur les autres et sur l'environnement par rapport aux décisions ordinaires prises en mode pilote automatique ou à la hâte.

Définition et objectif

La prise de décision consciente repose sur les principes de la pleine conscience, qui consiste à être présent, c'est-à-dire à observer l'instant sans porter de jugement. Elle nous rappelle de faire une pause, d'évaluer et de réagir non pas en réaction automatique ou en suivant les attentes de la société, mais en ayant une conscience nuancée de qui nous sommes, de ce que nous voulons et de ce qui se passe autour de nous. En pratiquant la prise de décision consciente, nous essayons de faire des choix qui correspondent plus étroitement à qui nous sommes réellement et qui créent plus de paix et de sens dans nos vies.

Prendre des décisions en pleine conscience ne se résume pas à éviter les erreurs ou les actions que nous pourrions regretter. Et oui, ce sont là de formidables effets secondaires, mais l'objectif réel est d'aider les gens à vivre de manière plus consciente, en créant une vie qui reflète ce qu'ils veulent et ce dont ils ont vraiment besoin. Prendre des décisions en pleine conscience nous donne le pouvoir de nous arrêter et de réfléchir avant d'agir, de comprendre pourquoi nous nous sentons obligés de choisir une chose plutôt qu'une autre et de nous aligner sur notre vie à long terme. Nous apprenons à nous écouter plus attentivement et à avoir confiance dans nos décisions, en suivant les chemins qui nous conviennent individuellement, plutôt que de simplement suivre le caprice qui nous vient à l'esprit ou le plan que nous pouvons recueillir auprès d'autres personnes.

Lorsque l'on agit avec intention dans la prise de décision, on se place dans une position de leadership personnel, en façonnant soigneusement sa vie et sa personne. Cela nous aide à identifier et à dissiper les réactions instinctives et les déclencheurs émotionnels, souvent basés sur des effets antérieurs, des peurs ou des préjugés. Nous ne sommes plus seulement des spectateurs de notre propre vie, mais des acteurs clés dans lesquels nous avons l'espace intérieur pour faire des choix conscients qui honorent nos valeurs, notre bien-être et notre épanouissement.

Les bienfaits de la pleine conscience au quotidien

Les avantages de la pratique de la pleine conscience comme filtre de votre processus de prise de décision sont illimités et vous aideront de bien plus qu'une simple décision, en stimulant des bienfaits qui ont un impact sur votre santé mentale, émotionnelle et même physique. La pleine conscience aide à réduire le stress, à augmenter la concentration, à développer la résilience émotionnelle et à accroître notre capacité à nous connecter aux autres et à mener une vie plus heureuse, plus saine et plus significative.

Réduction du stress L'un des tout premiers avantages de la prise de décision consciente est que vous pouvez soulager le stress. Lorsque l'on vit dans un monde qui recherche une réponse immédiate et une résolution rapide, cela peut être intimidant et générateur d'anxiété, en particulier lors de la prise de décisions importantes. Être attentif nous invitera à prendre une pause, à respirer profondément et à prendre des décisions avec un esprit plus clair. Cette sérénité sert de barrière protectrice contre le stress, une clarté de pensée qui empêche les décisions hâtives motivées par l'anxiété. La prise de décision consciente est la façon dont nous appliquons la pause à la prise de décision, de sorte qu'au lieu de réagir en raison du stress, nous pouvons réagir avec plus de paix et de clarté mentale dans notre prise de décision globale.

La pleine conscience est une bonne pratique de prise de décision qui favorise une meilleure concentration. Étant donné toutes les distractions de ce monde fou d'aujourd'hui, la plupart d'entre nous ont du mal à se concentrer sur une seule pensée, une seule tâche à la fois. Nous passons constamment d'une idée à l'autre sans nous investir pleinement dans aucune d'entre elles ! La pratique de la pleine conscience cultive la pratique de l'attention, de la concentration sur le moment présent et nous permet de faire en sorte que chaque choix nous accompagne pendant que nous sommes présents pour le vivre. Elle nous aide à réfléchir aux conséquences ainsi qu'à la multitude de chemins qui s'offrent à nous tous et, enfin, à agir nous-mêmes en suivant notre esprit rationnel et, avec les choix que nous faisons, nous agissons selon notre meilleur jugement. Finalement, cette concentration accrue conduit à une efficacité accrue, nous rendant plus déterminés et capables dans notre travail.

Lorsque nous choisissons en pleine conscience, nous renforçons également notre résilience émotionnelle, un élément clé pour faire face à la vie et à toutes ses difficultés. Les décisions sont pleines d'émotions : enthousiasme, anxiété, doutes et regrets. Les décisions prises en pleine conscience nous permettent de prendre conscience de ces émotions au lieu d'agir en fonction de ces pensées. Cette prise de conscience nous permet ensuite de traiter nos émotions de manière positive, ce qui nous permet de rester stables et véritablement présents même lorsque les choses deviennent difficiles. Elle nous aide à réguler nos émotions et à développer un sentiment de stabilité et d'adaptabilité qui nous permet de résister aux montagnes russes de la vie.

De plus, la pleine conscience améliore également nos relations en nous permettant de communiquer avec empathie et compassion. Un choix de passer du temps avec des êtres chers, de régler une dispute ou de prendre la décision d'aider un confident : les décisions sont souvent liées à celles des autres. Pratiquer la présence et la compassion ne signifie pas seulement que nous commençons à entendre plus attentivement ce dont les autres ont besoin, à quoi ressemble leur point de vue et ce que nous faisons dans nos relations pour honorer cela et ce qui est exigé au nom de l'attention et de la non-violence. Prendre conscience de la façon dont nous interagissons crée une plus grande connexion entre nous-mêmes et ceux qui nous entourent et augmente la foi pour établir une connexion avec eux par le respect.

Prendre des décisions en pleine conscience nous aide également à nous assurer que nos décisions conduisent à un bien-être à long terme, car elles sont en harmonie avec nos valeurs et nos aspirations. La satisfaction à court terme peut souvent être obtenue par des choix hâtifs, mais peu de choix vous satisferont à long terme. La pleine conscience nous rappelle qu'il y a plus que ce que nous voulons maintenant : nous devons également réfléchir à la manière dont chaque décision s'inscrit dans le cours de notre vie et ses nombreuses histoires. Penser de cette manière nous permet d'agir de manière à favoriser notre développement, notre santé et notre bonheur à long terme. Des choix de carrière aux changements de style de vie en passant par l'acte même de se fixer des objectifs, la prise de décision consciente nous permet de créer une vie qui est non seulement utile mais aussi durable.

La prise de décision consciente est une pratique qui nous permet de nous frayer un chemin dans la vie de manière plus consciente, intentionnelle et déterminée. Elle nous libère de la réactivité, réduit le stress lié à la prise de décision et nous permet de vivre en accord avec notre essence. Marcher avec des mots, comme nous le faisons dans ce livre, sur la prise de décision consciente, à partir de l'esprit d'un homme qui a appris à se transformer à chaque instant, à trouver la paix dans chaque sensation et à approfondir une relation avec tout ce qui existe, de mon propre cœur et du vôtre. En faisant des choix plus sages, nous sommes les architectes de nos propres vies, créant un avenir en accord avec nos valeurs et nos rêves les plus chers.

Comment la pleine conscience change la façon dont vous prenez des décisions — La science

La prise de décision consciente ne se résume pas à la simple conscience et au calme, elle a un pouvoir tangible. Elle est essentiellement fondée sur la science qui nous montre, en particulier, comment la pleine conscience affecte notre esprit, notre cœur et, en fin de compte, notre comportement . Lorsque nous prenons nos décisions en pleine conscience, nous activons certains circuits dans le cerveau qui nous permettent de penser clairement, de répondre plutôt que de réagir et de résister à l'attraction des impulsions transitoires ou des facteurs de stress. Lorsque nous explorons la science entourant la pleine conscience et la façon dont elle peut affecter la façon dont nous faisons des choix, nous comprenons mieux pourquoi cette pratique est si puissante. Dans ce chapitre, nous examinerons les effets de la pleine conscience sur notre cerveau et nos émotions, et la différence entre la prise de décision sous stress et sous le calme.

NEUROPLASTICITÉ : Quels sont les effets de la pleine conscience sur le cerveau et les émotions ?

La pleine conscience n'est pas seulement un état présent, mais a d'immenses effets structurels et fonctionnels sur le cerveau. Des études scientifiques en neurosciences suggèrent que la pratique régulière de la pleine conscience modifie la structure physique du cerveau : elle applique l'attention, régule les émotions, etc. Tout commence dans le cerveau où des voies neuronales sont créées qui seront intégrées dans nos réponses aux situations de la vie au fil du temps.

Le cortex préfrontal, communément appelé le « centre exécutif » du cerveau, est l'une des principales zones du cerveau touchées par la pleine conscience. Cette région du cerveau est associée à des fonctions d'ordre supérieur, telles que le raisonnement, la planification et le contrôle des impulsions. Lorsque nous pratiquons la pleine conscience, nous renforçons le cortex préfrontal pour réfléchir, figer l'image entre le stimulus et la réponse et évaluer les options par rapport aux conséquences à long terme avant d'agir. La pleine conscience renforce cette région de votre cerveau afin que vous preniez des décisions plus intentionnelles et réfléchies plutôt que des réactions instinctives ! Dans un scénario de prise de décision, le cortex préfrontal est sollicité et signifie que nous examinons la situation de manière rationnelle, à travers le prisme de nos valeurs et de nos objectifs à long terme et pas seulement des caprices ou des angoisses temporaires qui tentent de nous manipuler.

Une autre région critique influencée par la pleine conscience est l'amygdale, le « centre d'alarme » du cerveau où sont traitées les réponses aux stimuli émotionnels (en particulier les menaces). Lors de situations stressantes et émotionnelles, l'amygdale peut s'engager plus que le cerveau rationnel et une réaction de combat ou de fuite peut prendre le pas sur la pensée rationnelle et la prise de décision plus mesurée. Lorsque l'amygdale détourne le cortex préfrontal, tous ces processus logiques disparaissent et nous réagissons souvent de manière impulsive. D'un autre côté, la pratique de la pleine conscience régule le travail de l'amygdale, entraîne moins de réactivité de l'amygdale et permet une réponse calme et posée de la part de l'individu dans la situation. Cela ne signifie pas que nous cessons d'avoir des émotions ; au contraire, nous acquérons un meilleur contrôle de nos réponses à ces émotions et nous restons concentrés même sur nos points de stress les plus élevés.

La pleine conscience aide également l'hippocampe, qui joue un rôle dans la mémoire et l'apprentissage. Elle soutient le processus de neurogenèse (la création de nouveaux neurones) et maintient l'hippocampe actif et sain, ce qui conduit à de meilleurs souvenirs des situations survenues précédemment, qu'elles aient été réussies ou non, en fonction de la façon dont nous avons fait nos choix. Cette meilleure mémorisation nous permet de tirer parti des connaissances et des leçons du passé pour éclairer notre prise de décision et agir de manière à correspondre à nos objectifs et à nos valeurs.

La pleine conscience génère également une matière grise plus dense, notamment dans les régions du cerveau associées à la conscience de soi/introspection et à la compassion. Le déplacement de la matière grise soutient l'intelligence émotionnelle, qui nous permet de comprendre nos émotions et les raisons de notre comportement . Plus nous sommes conscients, plus nous comprenons ce que nous valorisons réellement et, par conséquent, nos choix deviennent cohérents avec qui nous sommes. Vous prenez alors conscience de votre capacité à prendre des décisions qui pourraient affecter les autres, faisant ainsi preuve de compassion et d'empathie ; cela vous encourage à prendre des décisions éthiques et réfléchies.

La pleine conscience aide ici à créer un équilibre émotionnel et une équanimité. La pleine conscience consiste à observer objectivement nos sentiments sur le moment sans essayer de nous y attacher ou de nous laisser trop guider par eux. Cette non-réaction à la situation nous permet de la voir objectivement, en veillant à ce que notre jugement ne soit pas obscurci par la colère, la peur, l'euphorie ou quoi que ce soit d'autre. La pleine conscience nous permet de développer un équilibre émotionnel, ce qui nous permet de prendre des décisions avec un esprit calme et stable dans les moments les plus difficiles. Ces éléments font également partie de la stabilité émotionnelle qui nous aide à prendre de meilleures décisions et ont également des effets bénéfiques sur notre état mental et réduisent le stress, l'anxiété et la réactivité dans notre vie normale.

Prise de décision sous stress versus calme

Il peut être très différent de porter ces mêmes jugements sous stress ou dans un état de détente. Sous stress, le corps et l'esprit ont tendance à agir de manière réflexe plutôt qu'à réfléchir, à se soulager plutôt qu'à revoir leur comportement. Lorsque vous êtes stressé, le corps libère des hormones comme le cortisol et l'adrénaline, ce qui le prépare à réagir avec agilité à un danger imaginaire. Cette réaction est bénéfique lorsque la situation met la vie en danger, mais elle peut entraîner une mauvaise prise de décision lorsque le contexte d'urgence nécessite une analyse réfléchie.

Lorsque nous sommes stressés, notre cerveau rétrécit et ne peut donc pas voir la situation dans son ensemble ou ne considère pas les chemins alternatifs. Lorsque nous sommes sous pression, nous avons tendance à prêter moins attention à notre environnement et à nous concentrer sur la tâche à accomplir, ce qui conduit à un effet de vision tunnel qui nous prédispose à prendre des décisions générales, à manquer des détails clés et à être incapable de voir les ramifications à long terme. Les décisions prises sur un coup de tête en raison du stress aident à échapper au sentiment d'inconfort, et un état d'esprit de résultat plutôt rapide mettra en place des choix qui soulagent à court terme en se concentrant maintenant sur le problème sous-jacent de cet inconfort. Un exemple pourrait être quelqu'un qui se sent obligé d'accepter une offre d'emploi pour un poste très exigeant mais finit par se rendre compte que le poste n'est pas en phase avec ses valeurs et ses objectifs de carrière à long terme. La prise de décision stressante choisira souvent le gain à court terme au détriment de l'épanouissement à long terme, ce qui peut nous laisser un sentiment de regret ou d'insatisfaction.

Cependant, en utilisant un état de calme, nous pouvons traiter les informations plus clairement et avec moins de partialité. Les décisions sont prises en clarifiant nos esprits sur les résultats à court et à long terme de notre comportement . Le calme active le cortex préfrontal, ce qui nous permet de traiter les informations de manière plus rationnelle et d'évaluer les choix qui n'impliquent pas d'émotion. En continuant à prendre davantage de décisions dans un état de calme, nous pouvons voir les solutions qui correspondent à nos valeurs, nous pouvons réfléchir à l'expérience et nous pouvons anticiper les résultats de chaque décision possible. Cela nous aide à prendre des décisions en accord avec notre bien-être à long terme et notre mission globale d'une manière qui se traduit par une vie plus significative et plus utile.

La pleine conscience est une pratique qui favorise un état d'esprit calme. Elle nous apprend à observer nos pensées et nos émotions sans y réagir. Elle nous apprend à remarquer le stress, mais à ne pas agir en conséquence. Elle crée une « pause » mentale qui nous aide à voir une situation de manière objective et à distance, plutôt que de nous y laisser complètement prendre. Elle nous aide à prendre du recul et à faire des choix plus solides dans un espace de clarté. Cette pause finit par devenir automatique, ce qui nous permet de réagir de manière réfléchie, même sous le niveau de stress le plus élevé.

La pleine conscience rend également plus résistant au stress en réduisant la réponse physiologique au stress. Selon les recherches, le simple fait d'être conscient diminue le taux de cortisol et réduit la pression artérielle, ce qui procure un sentiment de relaxation et équilibre le niveau d'hormones de tension du stress. Ce calme dans le corps – dans notre physiologie – est le partenaire idéal d'un esprit calme grâce à la pleine conscience, nous permettant de prendre des décisions importantes avec un état d'esprit et de corps équilibré. Prendre des décisions à partir de cet état de relaxation signifie que nous sommes beaucoup plus susceptibles de nous comporter de la manière qui nous convient le mieux, ce qui se traduit par une vie qui reflète qui vous êtes vraiment et ce que vous voulez vraiment.

Le fonctionnement de la pleine conscience explique son efficacité pour améliorer la prise de décision. Ces deux éléments contribuent tous à améliorer notre capacité à penser clairement, à gérer les défis émotionnels et à être présent dans le moment présent, en influençant positivement la structure et le fonctionnement du cerveau. Ce qu'ils ont découvert sur la prise de décision sous stress par rapport au calme nous indique comment accéder à des états d'équilibre calmes et conscients dans notre vie quotidienne. Ces choix sont souvent ceux qui permettent un esprit calme et une prise de conscience du choix lui-même et du sentiment qui le sous-tend, interconnectés.

Cela ne signifie pas qu'il n'y a pas de stress ni de prise de décision difficile. Il s'agit plutôt de cultiver la capacité d'affronter ces moments difficiles avec courage, perspicacité et pleine conscience. Dans les prochains épisodes de cette série, nous nous pencherons sur des méthodes concrètes pour intégrer la pleine conscience dans nos prises de décision quotidiennes, jetant ainsi les bases d'une vie guidée par l'intention et un plus grand épanouissement. La pleine conscience nous permet de reconnaître que nous pouvons faire en sorte que ce qui vient après ne soit pas bien ou mal, mais que nous prenions des décisions fondées sur la clarté et l'intention qui incarnent toutes les décisions que nous avons prises pour former la vie que nous voulons, la vie qui nous reflète tels que nous sommes.

Reconnaître la façon dont vous prenez vos décisions actuellement

Chacun de nos choix est le reflet de toutes les influences qui nous ont amenés à ce point : notre éducation, nos valeurs personnelles, nos expériences passées et même nos préjugés inconscients. Mais beaucoup d'entre nous avancent dans la vie de manière automatique , sans vraiment remarquer les schémas et les habitudes qui façonnent nos décisions. Prendre conscience de la façon dont nous réagissons astucieusement – le processus de prise de décision – est le début d'une décision plus consciente et d'une façon d'être plus délibérée. Ce chapitre abordera un certain nombre d' habitudes et de préjugés les plus répandus qui influencent les décisions, et il proposera des exercices qui vous aideront à reconnaître votre propre style de prise de décision et les schémas prévisibles dont vous ne soupçonnez peut-être même pas l'existence.

Prise de décision : habitudes et biais courants

des impulsions naturelles du cerveau humain est de prendre des raccourcis dans la réflexion. Bien que cette capacité de cognition rapide confère des avantages évolutifs distincts, comme la fuite avant de se rendre compte qu'un tigre nous poursuit, elle nous rend également susceptibles d'agir de manière impulsive, voire de faire des choix arbitraires, biaisés ou pathologiquement réticents au risque. Ces raccourcis mentaux, dont beaucoup sont biaisés sur le plan cognitif, peuvent nous aveugler, de sorte que nous ne parvenons pas à avoir une vue d'ensemble et que nous prenons des décisions qui ne correspondent pas à nos objectifs ou à nos valeurs. Reconnaître ces biais et ces impulsions est une étape importante pour échapper à la réponse plus réflexive et emprunter une voie plus délibérée vers la prise de décision.

Biais de confirmation — L'un des biais de prise de décision les plus courants, le biais de confirmation se produit lorsque nous recherchons des informations qui confirment nos croyances ou nos hypothèses antérieures tout en ignorant celles qui les contredisent. Si, par exemple, une personne pense qu'un régime alimentaire spécifique fonctionne pour elle, elle risque de ne remarquer que les réussites et d'ignorer les études qui vont à l'encontre de cette croyance. Ce biais nous conduit à une étroitesse d'esprit, nous empêchant de tout voir de manière absolue.

Biais d'excès de confiance : Le biais d'excès de confiance est le biais qui conduit les employés à surestimer leurs connaissances, leurs compétences ou l'exactitude de leurs prévisions. Il peut nous pousser à prendre des risques, à surestimer ou à négliger les inconvénients. Des choses comme la confiance en soi, mais le plus souvent, il vous conduit à un excès de confiance qui conduit à prendre des décisions hâtives mais sans étouffer ces choses importantes dans l'œuf. Cette prise de conscience du biais peut nous aider à rester humbles face à un choix, ouvrant la porte à la recherche de commentaires et de points de vue différents.

1. Biais d'ancrage : l'idée que nous nous ancrons au premier point de données. En d'autres termes, découvrir qu'un prix n'est pas une bonne affaire est un choc à deux États de distance ; si quelqu'un voit un produit à un prix élevé, mais le voit ensuite en solde, il pense que le prix soldé est une bonne affaire, même s'il peut encore être supérieur à sa valeur réelle . Cela peut avoir un effet d'ancrage et nous rendre incapables d'évaluer les options de manière indépendante et de prendre nos décisions sur la base de points de référence non pertinents.

Aversion aux pertes : L'aversion aux pertes est la tendance à privilégier l'évitement des pertes plutôt que l'acquisition de gains, ce qui pousse souvent les gens à prendre des décisions trop prudentes ou conservatrices. Quelqu'un pourrait, par exemple, passer à côté d'une bonne opportunité d'investissement en raison de l'aversion aux pertes qui l'empêche de dépenser de l'argent, même si les perspectives de hausse sont élevées. Ce type de biais peut nous empêcher de prendre des risques calculés ou de saisir des opportunités, car la peur de la perte est celle qui préoccupe notre croissance ou notre réussite.

Biais du statu quo — La préférence pour le maintien d'une décision ou d'une situation malgré des preuves montrant un changement peut conduire à un meilleur résultat. L'habitude qui nous empêche d'avancer, par exemple, est que nous nous sentons souvent réticents à quitter notre zone de sécurité ou à explorer de nouvelles offres. Ainsi, par exemple, une personne peut occuper un emploi qu'elle déteste, mais l'idée de faire un changement lui semble insurmontable et elle reste sur place malgré le fait qu'elle serait probablement plus heureuse ailleurs. Prendre conscience de ce biais nous donne un moment pour travailler sur l'acceptation du changement et ouvrir notre esprit et notre âme pour explorer de nouvelles avenues dans la vie qui correspondent mieux à qui nous sommes.

Pensée de groupe : en tant qu'êtres sociaux, nous sommes fortement influencés par les décisions et les opinions des autres. La mentalité de troupeau est un phénomène dans lequel les gens suivent la foule, en particulier dans des situations ambiguës. Même si la preuve sociale peut être encourageante, nous pouvons nous perdre dans ce que nous pensons que les autres pensent et nous éloigner de ce que nous valorisons ou dont nous avons besoin. Lorsque nous nous apercevons que nous faisons cela, nous pouvons commencer à choisir de faire quelque chose qui représente nos valeurs au lieu de céder à la pensée de groupe .

Gratification instantanée : de nombreuses personnes sont attirées par des options alternatives qui leur offrent la possibilité d'obtenir des récompenses immédiates, que ces options aillent à l'encontre de leurs objectifs à long terme ou non. Ce penchant pour la gratification instantanée peut se traduire par des choix qui semblent gratifiants sur le moment , mais qui peuvent s'avérer néfastes par la suite. Dire non à quelque chose peut être agréable sur le moment, par exemple remettre à plus tard un projet qui prend beaucoup de temps à terminer, mais cela peut entraîner du stress et des regrets à long terme. En reconnaissant que nous revivons parfois le passé et vivons dans le futur, nous pouvons éviter de prendre des décisions hâtives que nous pourrions regretter et prendre plutôt des décisions qui nous procurent un bien-être durable.

Nous devons connaître ces biais et ces habitudes afin de pouvoir les détecter lorsqu'ils commencent à affecter notre processus de prise de décision. Nous devons trouver un niveau de conscience qui nous aide à voir les schémas réconfortants qui ne servent plus à rien et à construire une nouvelle gamme de prises de décision sur quelque chose de beaucoup plus conscient et sain.

Activités pour reconnaître votre façon de prendre des décisions

Pour migrer vers une prise de décision consciente, vous devez savoir quel style de prise de décision vous utilisez actuellement et dans quelle mesure il est influencé par vos expériences ou vos dispositions par défaut. Ces exercices sont un moyen de réfléchir à vos propres comportements, de trouver des préjugés concernant les personnes que vous pourriez avoir et d'identifier ce qui influence les choix que vous faites. Ces exercices vous obligent à examiner honnêtement votre propre prise de décision et à voir les points que vous pouvez améliorer.

Journal de prise de décision

Première étape : Tenez un journal de décisions pendant au moins une semaine. Chaque fois que vous devez prendre une décision commerciale (grande ou petite), prenez simplement une note ou plus concernant la décision comprenant :

o Quelle a été la décision et quelle était sa nécessité.

o Vos sentiments avant, pendant et après la décision.

Cela peut impliquer : o Les influences spécifiques sur votre décision, les personnes, les pensées, etc.

o Si vous êtes heureux de ce qui s'est passé ou si vous regrettez quelque chose.

jetez un œil à vos entrées de journal pour y trouver des modèles. Trouvez des thèmes ou des sentiments clés qui se retrouvent dans tous vos choix. Par exemple, êtes-vous généralement motivé par l'aversion à la perte ou êtes-vous facilement influencé par la survie par consensus ? Cet exercice permet de prendre conscience des habitudes de sommeil et peut également mettre en évidence les préjugés qui pourraient influencer vos décisions.

Réflexion sur les décisions importantes

Quelles sont les trois grandes décisions que vous avez prises l'année dernière ? Il peut s'agir du choix d'une carrière, d'une relation, d'un investissement financier, d'objectifs personnels, etc. Pour faire cela pour chaque décision, posez-vous les questions suivantes :

o Qu'est-ce qui vous a poussé à prendre cette décision ?

o Avez-vous cherché des conseils ou des informations ? Si oui, d'où proviennent-elles ?

o L'un des biais habituels (biais de confirmation, excès de confiance, etc.) a-t-il joué un rôle ?

o Quels ont été vos sentiments face à la décision APRES ? Votre point de vue a-t-il évolué au fil du temps ?

Passer en revue vos décisions passées peut vous aider à reconnaître les schémas et les biais qui guident votre comportement lorsque vous devez prendre des décisions importantes. Cette réflexion explique à la fois ce qui influence vos décisions et vous place, ainsi que votre processus décisionnel, dans un état d'esprit plus conscient, suggérant où se trouvent les possibilités d'amélioration.

Décomposer les choix, petits et quotidiens

Remarquez ces petits choix quotidiens qui se produisent dans votre réponse à la question : que voulez-vous manger, quand voulez-vous aller travailler, que ferez-vous pendant votre temps libre. Pour tout choix particulier , demandez-vous

o Énumérez deux options possibles pour cette décision : s'agissait - il d'une gratification à court terme ou d'un objectif à long terme ?

o L'avez-vous choisi parce que c'était opportun, habituel ou parce que vous le vouliez vraiment ?

êtes -vous satisfait du résultat de la décision ?

Cet exercice vous permet d'identifier les schémas qui se dessinent dans votre prise de décision quotidienne. Reconnaître les choix que vous faites par habitude ou par impulsion vous permet de commencer à évoluer vers les plus petits moments de prise de décision collective avec intention.

Déterminer votre approche de prise de décision

Nous pouvons prendre de nombreux types de décisions différentes, et chaque style a ses propres forces et faiblesses. Réfléchissez au style qui vous attire le plus souvent :

INTENTION OPTIONNELLE : o Analytique : Avez-vous besoin d'une grande quantité d'informations et de renseignements que vous pouvez analyser et disséquer ?

o Intuitif : basez-vous vos décisions principalement sur votre intuition ou vos réactions instinctives ?

o Collaboratif : recueillez-vous les commentaires des autres, prenez-vous des décisions par consensus ou par soutien social ?

o Évitant : votre mode opératoire consiste-t-il à reporter les décisions ou à éviter les choix jusqu'à ce que vous y soyez obligé ?

Comprendre quel style vous plaît vous aide à comprendre l'impact qu'il a sur vos décisions. Demandez-vous si ce style vous convient ou s'il existe des circonstances dans lesquelles un style différent serait bénéfique.

Buitoni choisit alors de tracer une ligne en ce qui concerne la pratique occasionnelle de la pleine conscience – la méditation, en d'autres termes – comme un moyen de se forcer à remarquer les impulsions pré-décisionnelles du cerveau.

Pratique de méditation de pleine conscience pour la prise de décision Trouvez un endroit calme, fermez les yeux et prenez quelques respirations profondes. Pensez à une décision récente, puis remarquez ce que vous pensez et ressentez à propos de cette décision. Observez les tensions, l'excitation ou le doute possibles, mais ne jugez pas. Pendant que vous respirez , pensez à la raison pour laquelle vous faites cela et demandez-vous si cela fait partie de vos objectifs ou de vos valeurs à long terme. Cette méditation vous aidera à vous mettre à l'écoute des raisons profondes de vos choix et à prendre davantage conscience de la façon dont vous prenez des décisions.

Comprendre comment vous prenez des décisions aujourd'hui est un point de départ essentiel pour appliquer un principe de fonctionnement plus large et plus conscient au reste de votre vie. Lorsque vous prenez conscience des préjugés et des habitudes qui influencent vos décisions, vous commencez à comprendre les influences qui se cachent derrière vos choix. Les exercices de ce chapitre vous encourageront à réévaluer votre style de prise de décision, à révéler vos habitudes inconscientes et à entamer le processus vers des choix plus conscients.

Gardez à l'esprit que le but de la prise de décision consciente n'est pas d'éradiquer tous les préjugés ou habitudes, mais plutôt de remarquer quand l'un ou l'autre influence vos choix afin que vous puissiez choisir par vous-même. Alors , lorsque vous en apprendrez davantage sur la prise de décision consciente, gardez ces informations à portée de main. Elles vous permettent de reconnaître vos schémas, ce qui conduit au changement, vous aidant à faire des choix plus clairs, rationnels, confiants et en accord avec vos valeurs. Chaque choix est une porte d'entrée, et avec la conscience, vous pouvez faire de chaque choix une partie de vous-même et vous rapprocher d'une vie meilleure et plus consciente.

2

Cultiver la conscience de soi pour plus de clarté

Une vie pleine de sens repose sur des valeurs et des priorités. La morale est une boussole interne qui guide nos actions, nos décisions et, en fin de compte, le chemin que nous empruntons. Cette connaissance de ce que nous valorisons et préférons nous encourage à prendre de meilleures décisions qui peuvent satisfaire notre vie ainsi que notre véritable moi. Ce chapitre examine l'importance d'identifier vos valeurs fondamentales et de découvrir, par des exercices, celles qui servent à construire une vie représentative de qui vous êtes.

Mais avant de commencer, vous devez d'abord comprendre ce que sont les valeurs fondamentales . Ce sont les croyances qui façonnent nos valeurs et notre comportement, nos attitudes et, en fin de compte, la façon dont nous choisissons de voir le monde. Les valeurs fondamentales sont celles que nous pratiquons le plus, celles qui nous sont chères et auxquelles nous trouvons un sens. Elles différent selon les individus, mais des valeurs telles que l'honnêteté, l'intégrité, le respect, la compassion et la responsabilité sont communes. Ce sont les traits qui nous font ressentir du bien-être et un but lorsque nous les intégrons à notre vie.

Il suffit de connaître ses valeurs fondamentales pour trois raisons. Elles vous guident dans les décisions que vous devez prendre en premier. Les valeurs fondamentales fournissent un filtre pour vous aider à évaluer les alternatives, garantissant que les choix que nous faisons sont en accord avec qui nous sommes vraiment. Cet alignement développe l'intégrité personnelle, car nous sommes moins susceptibles de nous comporter de manière nuisible et contraire à nos croyances, ce qui conduit au respect de soi et à la confiance en soi. De plus, la façon dont nous nous comportons en fonction de nos valeurs a un impact sur la façon dont les autres nous voient, ce qui à son tour nous donne notre réputation et approfondit nos liens avec les autres.

De plus, le fait d'être clair sur nos valeurs renforce la résilience. De plus, dans les moments difficiles, les personnes qui ont une vision claire de leurs valeurs peuvent également s'y accrocher comme base pour rester centrées et motivées. Lorsque nos actions reflètent nos valeurs, cela entraîne moins de conflits et de tensions internes, car nous ne faisons pas de choix contradictoires avec nos croyances – c'est ce qui nous fait ressentir la paix intérieure. Nous vivons également en accord avec nos valeurs – et c'est de là que viennent la paix et l'authenticité.

Les valeurs fondamentales se révèlent grâce à l'auto-analyse et à la pratique de l'introspection. Après tout, de nombreuses valeurs, voire la plupart, existent plus profondément dans notre psyché et ne sont pas toujours visibles ou verbalisées. L'identification et la définition de ces valeurs ont le potentiel d'être transformatrices et servent de base à la prise de décisions et aux actions qui sont en harmonie avec notre véritable moi.

Après avoir clarifié nos valeurs, il faut s'assurer que toutes nos actions et décisions y correspondent. Cet alignement est un élément essentiel d'une vie axée sur un objectif (qui comprend l'introspection, la définition de limites et la définition d'objectifs). Nous pourrions commencer à nous rappeler de temps en temps si nos choix reflètent nos valeurs et les modifier si nécessaire. Cela peut nécessiter d'établir des limites, d'éviter les situations ou les personnes qui remettent en question ou diminuent nos valeurs afin de maintenir des interactions et des contextes qui nous construisent plutôt que de nous détruire.

De plus, il est important que nous fixions des objectifs en accord avec nos valeurs. Les objectifs basés sur des valeurs sont plus efficaces et durables à maintenir parce qu'ils sont en accord avec nos valeurs. Lorsque nous prenons des décisions en pleine conscience, nous comparons chaque choix à la façon dont nous voulons vivre notre vie, petite ou grande, ce qui nous aide à établir des priorités et à nous assurer que nos décisions reflètent ce qui compte le plus pour nous. C'est pourquoi mes décisions viennent toujours d'un lieu d'authenticité et de perspicacité, et elles découlent toujours sans effort de qui je suis.

Il existe de nombreux exercices qui peuvent vous aider dans ce processus, en vous aidant à élucider vos valeurs et à solidifier ce concept abstrait dans votre esprit. Une méthodologie intéressante est l'activité de tri de la liste des valeurs. Obtenez une liste de valeurs communes – loyauté, indépendance ou compassion Parcourez cette liste et choisissez les dix valeurs qui vous parlent le plus et concentrez-vous sur les cinq qui font partie intégrante de votre identité. Réfléchissez aux raisons pour lesquelles ces valeurs sont importantes pour vous et identifiez les moments de votre vie où elles ont influencé vos décisions ou votre comportement.

Un autre exercice utile est la réflexion sur les expériences marquantes. Relisez les moments où vous vous êtes senti si épanoui ou en paix et prenez note de ce que vous faisiez, des personnes avec qui vous étiez et de ce qui a rendu cette expérience si significative. Prenez un moment pour réfléchir aux thèmes ou aux traits récurrents que toutes ces expériences ont en commun. Et parfois, ces moments révèlent des valeurs qui sont très importantes pour nous et qui ont un impact important sur nos vies.

Il est également important de réfléchir à des modèles. Pensez à des personnes, fictives ou non, que vous admirez — qu'il s'agisse de membres de votre famille, de compagnons, de personnages emblématiques ou de visages célèbres — et écrivez ce que vous aimez chez elles. Si vous prenez ces caractéristiques de vos meilleurs dirigeants et les comparez à votre première liste de valeurs, vous pourrez voir celles que vous voudrez peut-être inclure, exclure ou réorganiser. Les caractéristiques que nous apprécions le plus chez les autres sont, le plus souvent , les caractéristiques que nous possédons et que nous chérissons, ou les caractéristiques que nous aimerions posséder.

Voici un exercice important : l'éloge funèbre. Imaginez la fin de votre vie et l'éloge funèbre qui sera lu à votre sujet. Réfléchissez à la façon dont vous aimeriez que les gens parlent de vous et aux mots ou expressions que vous aimeriez qu'ils vous attribuent. Les mots qui se trouvent sous ces valeurs incarnent souvent les attributs qui vous sont les plus chers, définissant l'héritage que vous souhaitez laisser derrière vous.

Un journal de réflexion quotidien est également un excellent outil pour intégrer la conscience de vos valeurs dans votre vie. Prenez le temps, à la fin de la journée, de voir comment vous avez respecté vos valeurs. Sinon, notez les moments où vous vous êtes senti en phase avec vos valeurs et les moments où vous vous êtes senti en décalage avec elles. Vous commencerez à voir des schémas au fil du temps, vous donnant des indices sur les endroits où vos valeurs se reflètent vraiment dans votre vie et ceux où elles ne le sont pas.

Troisièmement, l'analyse des conflits peut nous apporter des enseignements sur les valeurs. Prenons l'exemple de certains désaccords survenus l'année dernière : quelles valeurs étaient en jeu ? En général, les conflits surviennent lorsque nous sentons que nos valeurs sont menacées ou lorsque nous percevons que l'autre personne se comporte à l'opposé de nos convictions. Connaître les implications de ces situations sur le plan des valeurs peut nous donner une vision beaucoup plus claire de nos priorités les plus profondes et peut nous éclairer sur les valeurs que nous ferions bien de développer ou de changer.

En fin de compte, connaître ses valeurs et ses priorités est un processus permanent d'écoute, de réflexion et de réajustement. Au fil des événements de la vie et des changements de saison, nous pouvons constater que ce à quoi nous accordons de la valeur implique une couleur différente pour chaque saison. Refaire cet exercice tous les deux ou trois ans est donc un bon rappel pour garder votre intégrité intacte. Connaître nos valeurs fondamentales nous aide à établir des priorités, à prendre de meilleures décisions et à mener une vie qui nous est fidèle. Cet alignement crée un sentiment de plénitude et de calme et nous donne le pouvoir de vivre en accord avec nos plus grandes valeurs.

Reconnaître vos déclencheurs émotionnels

Les émotions sont des moteurs puissants de ce que nous faisons, de la façon dont nous agissons et des choix que nous faisons. Elles ne viennent pas toujours de notre tête. Elles ont toujours un rôle à jouer : elles peuvent enrichir nos expériences et nous apprendre des leçons importantes sur nous-mêmes, mais elles peuvent aussi nous amener à agir de manière impulsive ou stupide si elles ne sont pas correctement comprises et maîtrisées. Identifier nos déclencheurs émotionnels est en fait une étape importante pour comprendre comment les émotions peuvent influencer nos décisions.

Reconnaître ces déclencheurs et comprendre comment les contrôler vous donnera les outils pour permettre à vos émotions d'être productives, en les utilisant pour prendre des décisions basées sur ce que vous voulez et représentez vraiment.

Les déclencheurs sont des choses, des mots, des souvenirs ou des personnes qui provoquent une réaction. Ces réactions se construisent au fil du temps, à travers l'exposition à des expériences passées, des croyances personnelles ou des peurs et des désirs persistants. Par exemple, si une personne a déjà été punie pour avoir critiqué quelqu'un, cette personne peut ressentir une rage immédiate lorsque quelqu'un d'autre la critique. Une autre personne peut ressentir une profonde tristesse ou une anxiété dans des circonstances qui déclenchent des souvenirs de pertes passées. Ces déclencheurs affectent notre perspective et notre réaction aux événements et aux situations où nous devons réfléchir clairement au lieu de réagir de manière impulsive et de regretter les mauvaises décisions que nous prenons. Comprendre ces sentiments et les circonstances qui les déclenchent est la base de la conscience et de l'intelligence émotionnelle.

Cette compréhension des émotions qui influencent nos choix nous donne un aperçu précieux de nos schémas individuels. Par exemple, lorsque vous voyez que la colère vous pousse à réagir et à faire des choix agressifs ou défensifs, vous savez que dans ces situations, vous devez être sur la défensive. De même, si vous détectez des émotions comme la peur, la jalousie ou toute forme d'insécurité, cela peut servir de signal pour vous arrêter et réfléchir avant de faire un choix, car on a plus tendance à agir de manière impulsive et involontaire plutôt que de manière rationnelle. Lorsque vous observez ces schémas, vous avez la possibilité de contrôler vos réactions émotionnelles, ce qui vous guide sur la façon de décider en fonction de vos objectifs et de vos principes plutôt que de ceux influencés par des états émotionnels éphémères.

Une fois que vous avez pris conscience des déclencheurs émotionnels qui vous affectent , l'étape suivante consiste à mettre en œuvre des techniques pour réguler ces sentiments. Et tous les différents outils que nous pouvons utiliser pour répondre à nos sentiments au lieu de réagir . Une méthode efficace pour cela est la pleine conscience (qui consiste à observer ses émotions sans porter de jugement). Ainsi , lorsque vous examinez une émotion – la colère par exemple ou la tristesse – sans y apposer une étiquette indiquant qu'elle est « mauvaise », vous créez un vide psychologique qui vous permet de réfléchir à ce que sera votre réponse plutôt que d'être simplement impulsif. La pleine conscience vous apprend à remarquer quand les émotions apparaissent sans être consumé par les sentiments et à y répondre parce qu'elles sont intentionnelles et réfléchies.

Une autre technique utile pour se détendre des déclencheurs émotionnels consiste à faire des exercices de respiration profonde. Les sentiments, particulièrement les plus forts, peuvent déclencher des réactions physiques comme des battements cardiaques plus rapides, une respiration rapide ou des tensions musculaires. Des respirations lentes et profondes peuvent déclencher la réponse de relaxation du corps, qui s'oppose aux effets physiologiques du stress ; elles génèrent un flux sanguin lent et régulier vers le cerveau et détendent le corps et l'esprit. Ce changement dans le corps permet une pensée plus claire, permettant de voir la situation avec logique plutôt qu'avec émotion. Lors d'une conversation difficile, la respiration peut aider dans le sens où, au lieu de répondre de manière défensive, vous prenez quelques respirations, vous vous calmez pour répondre.

En outre, recadrer vos pensées est un excellent moyen de gérer les déclencheurs émotionnels. Le recadrage est l'acte conscient de présenter une situation sous un jour plus positif (ou neutre). Si une critique constructive vous fait perdre pied, par exemple, le recadrage vous permet d'utiliser ce commentaire comme une chance de vous améliorer plutôt que comme une insulte personnelle. Ce changement dans la façon dont vous le percevez peut réduire le pouvoir émotionnel derrière la réponse et créer un état d'esprit plus sain qui vous permet de réagir d'une manière qui correspond à ce que vous savez être dans votre meilleur intérêt à long terme.

Une autre méthode pour comprendre vos déclencheurs émotionnels est de tenir un journal. Lorsque vous écrivez sur vos émotions, vous traitez et réfléchissez à vos sentiments et découvrez les raisons logiques de vos réactions. Tenir un journal vous aide à voir les schémas de pensée et de comportement et à découvrir les déclencheurs courants des émotions extrêmes. Lorsque nous savons quels sont ces déclencheurs, nous sommes mieux en mesure de prédire la réponse émotionnelle et de planifier des méthodes significatives et constructives pour y faire face lorsqu'elle se produit.

En matière de gestion des déclencheurs émotionnels, les exercices de visualisation peuvent être une partie importante du processus. Si vous visualisez une situation difficile en train de se produire et que vous êtes calme, au fil du temps, vous devenez moins timide à l'idée d'affronter cette situation difficile dans la vie réelle. L'utilisation de la visualisation pour vous préparer aux déclencheurs émotionnels potentiels vous permet de développer votre résilience face à ce type de situations et vous permet de rester plus calme dans des scénarios qui auraient pu autrement provoquer une réaction émotionnelle intense.

En bref, identifier les déclencheurs émotionnels et apprendre à les maîtriser est un art (et une science) d'exploration et de pratique de soi. Une fois que vous aurez pris conscience de ce qui déclenche vos émotions, il vous sera plus facile d'identifier les émotions du moment et vous commencerez à prendre des décisions moins influencées par une expérience émotionnelle temporaire et plus en phase avec vos valeurs et objectifs fondamentaux dans la vie. Cette prise de conscience et cette gestion des émotions conduisent à une prise de décision plus équilibrée, mesurée et gratifiante, vous permettant d'utiliser vos émotions comme une force pour le bien dans votre vie.

Prise de conscience : exercices de pleine conscience à pratiquer

La pleine conscience consiste simplement à être conscient du moment présent, sans porter de jugement. Les exercices de pleine conscience peuvent améliorer la conscience des pensées, des sentiments et des sensations physiques, aidant une personne à écrire une réponse réfléchie aux exigences de la vie plutôt qu'une réponse hystérique. Lorsque nous sommes attentifs, nous sommes plus conscients et avons une meilleure conscience de soi, ce qui vous aide à faire face aux défis quotidiens comme une eau calme et un esprit clair. Dans ce chapitre, vous trouverez quelques exercices guidés pour réfléchir et être présent avec même quelques pratiques quotidiennes dans votre vie pour apporter plus de conscience de soi.

La première étape de la pleine conscience est la présence, une qualité que vous pouvez réellement entraîner en utilisant des exercices guidés qui vous apprennent à observer vos sentiments et vos pensées sur le moment, tels qu'ils sont. Par exemple, un type d'exercice s'appelle le scan corporel, où nous déplaçons l'esprit à travers chaque partie du corps de la tête aux pieds, en prêtant attention aux sensations et aux sentiments sans essayer de changer quoi que ce soit. Trouvez un endroit calme, asseyez-vous ou allongez-vous confortablement, fermez les yeux et faites attention à votre respiration qui se déplace lentement. En commençant par le haut de votre tête, descendez dans votre corps et recherchez les zones où vous pourriez être tendu, ressentir de la douleur ou de la chaleur. Cette approche vous permet de localiser les endroits où il y a une tension physique, mais elle favorise également une relaxation profonde en accordant toute votre attention à chaque partie du corps et en évacuant le stress par la respiration.

Respiration consciente (observer le flux naturel de votre respiration) La respiration consciente est un autre exercice de pleine conscience puissant. Asseyez-vous confortablement sur une chaise, fermez les yeux et concentrez-vous sur chaque inspiration et expiration. N'essayez pas de contrôler votre respiration, faites-y simplement attention, même à ce que vous ressentez, à la vitesse ou à la lenteur de votre respiration et à la profondeur de votre respiration. La respiration consciente vous ancre dans le présent lorsque la vie devient trépidante ou semble accablante. Cette pratique cultive également la conscience de la fréquence à laquelle votre esprit vagabonde ; où que vos pensées vous mènent, ramenez doucement l'attention sur la respiration. Avec le temps, la respiration consciente devient un moyen de vous recentrer lorsque le stress frappe à la porte.

La méditation de pleine conscience permet une prise de conscience réfléchie de soi par l'observation sans attachement, en réfléchissant profondément à l'intérieur. Prenez cinq minutes chaque jour pour vous asseoir droit et immobile, fermez les yeux et laissez votre esprit exister. Lorsque les pensées viennent, laissez-les venir, observez-les comme si vous regardiez les nuages passer dans le ciel plutôt que de les repousser. Observez chaque pensée surgir sans porter de jugement, qu'il s'agisse d'un souvenir, d'une inquiétude, d'une image, quelle qu'elle soit. Vous pouvez découvrir les limites de votre pensée et comprendre comment la pensée motive un sentiment. La méditation de pleine conscience crée moins de réactivité et plus de place dans l'esprit pour la paix, que vous êtes ensuite en mesure de cultiver davantage et de répondre à ce que la vie vous réserve avec plus d'équanimité au fil du temps, en vous exerçant à répondre plutôt qu'à réagir.

En plus d'exercices plus structurés et guidés, ces petites pratiques simples peuvent certainement avoir un effet sur la conscience de soi et vous aider à rester attentif tout au long de la journée. Par exemple, chaque matin, je me fixe une intention. Passez quelques minutes au début de votre journée et réfléchissez à la façon dont vous aimeriez la vivre : avec patience, avec gratitude, avec courage. Quelle que soit votre intention, dites-la à voix haute ou dans votre esprit. Au cours de votre journée, gardez-la avec vous comme une pierre de touche. Cela vous permet de prendre conscience de vos actions et de vos réactions et de vous ancrer dans un comportement intentionnel, motivé par la présence, qui vous ancre dans un objectif.

Une autre pratique quotidienne de pleine conscience qui peut être utile est de pratiquer la marche consciente. EN FAISANT ATTENTION À CHAQUE PAS, VOUS SENTIREZ VOS PIEDS ATTEINDRE LE SOL ET NOTRE CORPS BOUGER. Pendant ce moment de pratique, vous devez vous concentrer sur votre environnement : les couleurs, les sons et les odeurs qui vous entourent, sans concentrer votre esprit sur vos soucis ou vos responsabilités. Lorsque vous vous immergez dans l'expérience de la marche, vous renforcez votre capacité à rester dans le présent et à observer ce que vous pourriez manquer dans l'agitation de la vie. De cette façon, la marche consciente transforme une promenade ordinaire en une pratique apaisante et transformatrice en libérant l'esprit.

Tenir un journal de gratitude est une autre méthode efficace pour utiliser la pleine conscience afin de devenir plus conscient de soi. Enfin, à la fin de chaque journée, écrivez au moins trois choses pour lesquelles vous êtes reconnaissant, qu'il s'agisse de moments marquants ou de simples petites choses. La gratitude vous aide à remarquer les très bonnes choses de la vie, ce qui met votre vie en perspective et crée un sentiment de résilience et de bonheur. Si vous prenez le temps de revenir sur ces moments de gratitude, cela vous aidera à voir ce qui est le plus important pour vous et à adapter votre vie pour correspondre à ces valeurs.

La pleine conscience consiste également à être disponible avec les autres, ce qui, par exemple, peut améliorer les relations et accroître la conscience de soi. Si vous parlez à quelqu'un, écoutez simplement votre conversation avec lui, pas ce que vous dites ensuite ou ce que vous méditez. Écoutez le ton de sa voix, son langage corporel et son expression faciale ; accordez toute votre attention à ce qu'il fait de mieux. Cela vous permet d'être présent et plus attentif dans vos interactions avec les autres et avec vous-même, en vous offrant l'espace nécessaire pour réfléchir à la manière dont vous pouvez interagir avec les autres.

Les exercices et pratiques de pleine conscience mentionnés ci-dessus cultivent la conscience lorsque nous les intégrons à notre routine quotidienne. La pleine conscience est une façon de pratiquer avec le temps libre pour devenir plus sensible à vos pensées, vos émotions et votre environnement. Cela deviendra quelque chose qui vous permettra de prendre des décisions à partir d'une conscience calme et centrée qui relie vos actions à vos valeurs et à vos intentions. Même si ce n'est que parfois pendant cinq minutes par jour, ces actions contribuent à inspirer un mode de vie conscient qui vous apporte plus de présence, de paix et de perspicacité dans votre vie.

3

Développer la patience dans la prise de décision

L'art de faire une pause est un super pouvoir. Dans un monde qui nous pousse constamment à agir, à réagir, à prendre une décision en une fraction de seconde , nous pouvons apprendre à créer de la lucidité et de l'autonomie. Prendre des décisions consiste à faire une pause avant de faire un choix, ce qui nous donne l'occasion de respirer, de réfléchir et de réagir d'une manière qui correspond à nos valeurs et à nos objectifs plutôt que de réagir de manière impulsive. En nous donnant le temps de ralentir avant de prendre une décision , nous pouvons constater d'énormes avantages, allant de l'amélioration de notre capacité à faire des choix réfléchis à la réduction des comportements impulsifs qui peuvent entraîner des regrets et conduire à entreprendre davantage d'actions.

Il existe de nombreuses bonnes raisons de ralentir avant de prendre une décision . En ralentissant, nous nous autorisons à considérer les nombreuses possibilités qui s'offrent à nous. Cela nous permet d'assimiler les ramifications de chaque option et d'en prévoir les effets en aval, bons ou mauvais. Cependant, si nous sommes en colère ou que nous sommes susceptibles de réagir, nous devons ralentir pour sortir d'un état de réaction émotionnelle. Cela vient en grande partie de l'émotion, et souvent, nous prenons des décisions influencées par nos émotions que nous n'aurions pas prises autrement, et que nous pourrions regretter. Lorsque nous nous arrêtons, il y a un espace entre nos émotions et nos réactions, où nous obtenons un contexte, une clarté et ce qui est le plus important.

De plus, lorsque nous ralentissons (faisons une pause), nous pouvons accéder plus profondément à notre intuition. Dans la hâte thermique qui nous pousse à tirer des conclusions, nous mettons souvent de côté la sagesse tranquille, l'intuition peut-être, qui pourrait nous mener quelque part. Lorsque nous faisons une pause , nous nous accordons à ces signaux sonores internes plus doux, généralement plus sages. Ce lien avec notre esprit directeur garantit que les choix que nous faisons et qui semblent convenir à notre vie sont également alignés avec notre véritable moi. À long terme, la pratique de la pause peut nous permettre de répondre à la vie à partir d'un lieu d'intuition et de pleine conscience, où la décision vient d'un lieu lumineux intérieur où nous sommes silencieux.

Pour comprendre l'importance de faire une pause, il faut également identifier les pulsions impulsives. Le stress, l'excitation ou un état émotionnel intense activent généralement l'impulsion. On a l'impression que cette impulsion nous pousse à agir immédiatement sans réfléchir aux implications de nos actes. Les exemples vont du désir de réagir immédiatement lors d'une dispute, à l'envie d'acheter quelque chose que nous n'avions pas prévu, ou d'accepter plus d'engagements que nous ne pouvons en prendre. Lorsque nous reconnaissons ces moments en temps réel, nous devenons plus en phase avec la façon dont les désirs impulsifs se manifestent en nous. La première étape pour gérer ces pulsions est d'en prendre conscience : être conscient de ce sentiment nous permet d'exercer une certaine volonté lorsque nous en avons besoin.

L'impulsivité est souvent permanente et le DÉSIR de résoudre un INCONFORT lié à l'impatience, à l'inconfort et/ou à un BESOIN PROFOND demande une solution rapide. Ainsi, lorsque nous nous sentons anxieux ou sous pression, nous pouvons faire des choses irrationnellement pour essayer de nous sentir en contrôle ou d'avoir la certitude de savoir que nous avons fait tout ce que nous pouvions. Cependant, une idée qui vous vient à l'esprit vous servira rarement longtemps et doit être abordée avec prudence car elle peut créer d'autres problèmes. En revanche, faire une pause est le moment où nous pouvons résider au moins un moment dans l'inconfort et penser à de meilleurs moyens d'exprimer son inconfort. Ce petit écart est tout ce qu'il faut pour changer de point de vue, ce qui peut présenter de nouvelles possibilités qui seraient négligées dans un moment de réaction.

Intégrer les pauses dans nos routines quotidiennes nous aide à devenir plus patients et, par conséquent, à avoir plus de marge de manœuvre pour tolérer l'incertitude. Pour améliorer la capacité à répondre plutôt qu'à réagir, nous devons utiliser les pauses avec succès, ce qui nous aidera à gérer les situations difficiles avec calme et concentration. Plus nous pratiquons les pauses, plus nous remarquons nos propres schémas directeurs et déclencheurs. Cela nous permet de développer notre intelligence émotionnelle pour savoir quand nous agissons par impulsion ou intention.

En fin de compte, s'arrêter avant de prendre une décision est une pratique simple et puissante qui présente de nombreux avantages. L'esprit a plus de perspicacité et peut aligner les choix à sa guise , ce qui minimise les possibilités de prise de décision capricieuse, tout en permettant une meilleure identification émotionnelle. Cultiver la pratique de la pause nous aide à devenir intentionnels et clairs, de sorte que lorsque la vie nous appelle, nous pouvons répondre en position de force, plutôt que de simplement réagir. En étant intentionnels, nous approfondissons la qualité de notre prise de décision et créons le type de vie qui correspond à nos valeurs et intentions les plus profondes.

Comment travailler sur le développement de la patience

La patience est une qualité qui changerait notre façon de vivre, en réagissant avec grâce aux situations au lieu de prendre des décisions impulsives, ce qui nous amènerait à moins de stress. Développer la patience est quelque chose que nous devons faire et pratiquer consciemment, mais les récompenses sont inestimables. Cela nous donne l'habitude de développer une patience et de réagir habilement aux situations , ce qui nous donne la force de traverser les périodes plus difficiles. Il existe une variété de pratiques pour aider à cultiver la patience : des pratiques de respiration, des pauses conscientes et des pratiques basées sur le temps comme la « règle des 24 heures ».

Respirez – Les exercices de respiration sont l'une des techniques les plus simples et les plus efficaces que vous pouvez utiliser pour développer la patience. Lorsque nous nous sentons pressés, stressés ou contrariés, nous fractionnons notre respiration – nous sommes essoufflés, pressés, ce qui exacerbe l'urgence ou l'impatience. Les soupirs, les inspirations et expirations profondes, la respiration étirée déclenchent la réponse opposée à ce qui se passe lorsque nous sommes anxieux, déclenchant des mécanismes de relaxation. Commencez par trouver un environnement calme, fermez les yeux et respirez profondément par le nez en comptant jusqu'à 4. Faites une pause pendant un moment en retenant votre souffle, et expirez lentement en comptant jusqu'à 6. Faites cela trois à quatre cycles de respirations , en ressentant ce que vous ressentez. La pratique de cette méthode calme l'esprit et le sentiment de sérénité peut rendre une personne accessible et prendre les choses avec patience.

La respiration en boîte est une technique qui améliore la patience en prenant une profonde inspiration, en la retenant, en expirant et en retenant à nouveau pendant 4 secondes à chaque fois. Cette respiration dynamique recentrera votre esprit afin que vous repreniez le contrôle de l'agitation ou de l'impatience. Plus vous pratiquez ces exercices, plus ils entraînent littéralement votre esprit à ralentir, une compétence qui peut être la plus précieuse dans les situations de stress ou de forte pression.

Prendre des pauses conscientes est une autre méthode efficace pour cultiver la patience. Les pauses conscientes consistent à faire une pause et à remarquer ce qui se passe dans votre esprit et votre corps avant de réagir. Si vous vous trouvez dans une situation qui pourrait déclencher l'impatience, faites une pause de quelques secondes et observez ce que vous ressentez. Prenez le temps de remarquer vos propres frustrations, votre stress ou votre urgence et faites de votre mieux pour résister à l'envie d'agir immédiatement. Cette petite pause peut changer votre réponse instinctive à une réaction prudente. Lorsque vous remarquez vos sentiments sans porter de jugement, vous développez une plus grande conscience de la façon dont l'impatience s'infiltre dans votre esprit et votre corps, ce qui facilite la maîtrise de ces hormones.

Une autre façon de développer la patience est de s'entraîner en fonction du temps. La « règle des 24 heures » est l'une des techniques temporelles les plus connues. La règle des 24 heures vous encourage à vous mettre au défi d'attendre au moins un jour et une nuit avant de prendre une décision importante dans votre vie, qui survient principalement parce que vous avez des sentiments très forts à l'égard de quelque chose. Par exemple, si vous ressentez le besoin de sortir et d'acheter quelque chose que vous savez que vous allez regretter, si vous faites un achat alors que vous êtes en colère ou si vous prenez une décision de vie qui pourrait avoir des conséquences à long terme, la règle des 24 heures vous donne le temps et la distance nécessaires pour réfléchir. La plupart du temps, avec un jour entre vous et l'urgence, vous regardez la situation dans un état d'esprit différent. Cela vous évite de prendre une décision impulsive que vous pourriez regretter plus tard, cela demande de la patience et d'être intelligent dans votre façon d'agir.

Une deuxième pratique basée sur le temps consiste à créer des mini-périodes d'attente au cours de la journée comme antidote à l'impatience. Par exemple, si vous voulez prendre votre téléphone, répondre à un SMS ou terminer une tâche, forcez-vous à faire une pause de quelques minutes avant d'agir. Commencez à retarder ces moments pendant une courte période avant d'augmenter progressivement ce délai lorsque vous vous sentez plus à l'aise avec l'attente. Ces petits délais étirent votre capacité d'attente et augmentent votre patience, petit à petit, micro, par micro.

Ces techniques peuvent vous aider à intégrer progressivement la patience dans votre routine quotidienne. Cela peut prendre des mois, mais avec une pratique quotidienne, vous vous retrouverez sans aucun doute dans une situation difficile, moins réactive et plus patiente face aux retards ou aux obstacles. Un esprit patient conduit à moins de stress, à de meilleures relations, à des décisions plus intelligentes et à une amélioration de la santé mentale globale. Lorsque vous choisissez la patience comme mode de vie, vous pouvez gérer vos batailles quotidiennes avec plus de force, car vous avez moins de peur pour vous contrôler et plus de paix, ce qui conduit à une meilleure qualité de vie.

Vaincre la fatigue décisionnelle

La fatigue décisionnelle est un terme qui décrit l'épuisement mental que nous ressentons lorsque nous prenons trop de décisions en une journée. Cela a tendance à engendrer de mauvaises décisions, une planification impulsive, voire un arrêt complet de la prise de décision. Étant donné que chaque jour consiste en des choix apparemment sans fin – des petites tâches banales aux décisions plus importantes qui changent la vie – le fardeau de prendre des décisions tout au long de la journée peut nous peser. La première étape pour échapper à la fatigue décisionnelle consiste à repérer les signes de surcharge de décisions et à les remplacer par des stratégies qui nous aident à prendre des décisions avec clarté et détermination.

Identifier les signes de la fatigue décisionnelle est la clé pour la combattre. Un signe certain est le sentiment d'être dépassé ou frustré par la moindre décision. Des choix qui peuvent sembler triviaux ou simples, comme quoi manger pour le dîner ou quoi porter, peuvent devenir écrasants ou lourds. Impulsivité : Un signe certain de la fatigue décisionnelle est que notre impulsivité augmente ; nous manquons d'énergie mentale, nous pouvons donc nous précipiter ou prendre des décisions imprudentes pour en finir. Cela conduit à de mauvaises décisions comme acheter des choses qui ne sont pas importantes, se concentrer sur des choses qui ne sont pas si importantes et dire oui à des choses sans réfléchir. Le troisième signe est la procrastination, ce qui signifie que nous sommes tellement épuisés mentalement par les choix que nous avons faits auparavant que nous voulons soit reporter la prise de nouvelles décisions, soit éviter les décisions que nous devons prendre. La première étape pour lutter contre la fatigue décisionnelle est d'identifier ces signes.

En repérant la fatigue décisionnelle, nous pouvons commencer à prendre des mesures pour en réduire les effets. Une façon de remédier à ce problème est de réduire le nombre de décisions que nous devons prendre en créant des routines. Lorsque nous créons des rituels pour les choses que nous faisons tous les jours (à quelle heure nous levons-nous le matin, que mangeons-nous au petit-déjeuner ou à quelle heure commençons-nous ou terminons-nous le travail), nous éliminons le besoin de prendre des décisions répétitives concernant ces activités. Lorsque nous automatisons ces décisions, nous avons plus d'espace mental disponible pour les décisions importantes ou complexes. Anticiper peut éliminer une partie de cette charge cognitive (par exemple, en planifiant les repas de chaque semaine à l'avance, car choisir ce que nous allons manger chaque jour demande beaucoup d'énergie mentale) et en ayant une routine matinale, car vous portez l'habitude que vous y réfléchissiez vraiment ou non - vous vous réveillez et vous faites simplement votre routine matinale, vous n'aurez qu'à penser à ce que vous porterez pour faire tout cela.

Les décisions peuvent également être hiérarchisées en les classant comme prioritaires ou non prioritaires. Une délibération réfléchie est appropriée pour les décisions prioritaires. Les décisions non prioritaires, plutôt que d'être trop compliquées, devraient souvent être réduites à une question plus simple ou être décidées par quelqu'un d'autre. Par exemple, si une décision sur l'orientation d'un projet est une priorité absolue, l'accent doit être mis sur cette décision. Cela rend les choix prioritaires – comme ce que nous allons porter – plus simples lorsque nous avons une garde-robe fixe ou un dressing capsule. Cela nous permet de préserver notre concentration au fil du temps en consacrant notre énergie mentale uniquement aux décisions les plus prioritaires et en évitant une fatigue mentale inutile sur des choses sans importance.

Une autre astuce consiste à fixer des limites autour des moments de prise de décision. Ainsi, plutôt que d'essayer d'être décisif toute la journée, bloquez du temps pour prendre des décisions importantes. Vous pouvez consacrer vos matinées exclusivement à votre travail ou peut-être désigner une soirée spécifique pour vous concentrer sur la planification de votre vie personnelle. Concentrez les décisions à prendre sur des périodes définies pendant lesquelles vous les prendrez, cela réduit la fatigue mentale due aux transitions constantes entre la prise de décision et d'autres tâches. Cela permet de garder la journée libre de décisions importantes qui s'immiscent et contaminent les autres chemins de la journée, ce qui nous donne une énergie mentale nouvelle pour aborder les choses difficiles.

L'un des moyens les PLUS efficaces pour surmonter la fatigue décisionnelle est de limiter les options. Qu'il s'agisse de choisir un restaurant, d'acheter des choses ou de sélectionner des activités de loisirs, la disponibilité d'un trop grand nombre d'options peut être stressante et il est essentiel de réduire les options pour éviter de se sentir dépassé . Le processus est plus facile si vous établissez certains critères pour faire votre choix à l'avance ou si vous réduisez vos options à deux ou trois. Par exemple, si vous avez trop d'options pour décider quel film regarder, vous pouvez les réduire en fonction de vos préférences de visionnage telles que le genre et cela ne fait plus de mal à votre cerveau. Cela permet de ne pas perdre de temps et de préserver l'énergie mentale puisque vous n'avez pas à examiner autant de choix pour vous retrouver indécis.

Intégrer de courtes pauses et des repos mentaux dans la journée est essentiel pour éviter la fatigue décisionnelle. Quelques minutes de pause, une petite marche ou une séance de pleine conscience peuvent réinitialiser l'esprit qui peut se ressaisir avant de prendre une autre décision. Quelques instants de repos mental suffisent pour se recentrer et prendre de meilleures décisions par la suite. Tout comme les soins personnels, le sommeil est un facteur important pour établir la force mentale nécessaire pour prendre de bonnes décisions : un esprit reposé est moins vulnérable à la fatigue décisionnelle.

Identifier les signes de fatigue décisionnelle et prendre des mesures pour éviter l'épuisement décisionnel peut nous aider à cultiver une approche plus équilibrée où la prise de décision préserve notre énergie mentale et améliore notre expérience de vie. Les choix quotidiens peuvent être minimisés en créant des routines, nous pouvons éliminer ceux qui ne sont pas importants, fixer des limites, limiter les choix et enfin bien nous reposer. Tout cela fait de la prise de décision un processus durable. De cette façon, nous échappons à la spirale de la fatigue décisionnelle et prenons chaque décision avec clarté, confiance et intention afin d'avoir à la fois plus de choix et de meilleurs choix et d'adopter une approche de la vie plus autonome et guidée.

4

Rester présent pour faire des choix éclairés

C'est une pratique importante qui vous aide à vous ancrer dans l'ici et maintenant, ce qui conduit à la paix intérieure, à la clarté et à la force. Il s'agit de se concentrer sur le présent afin de pouvoir faire face aux défis de la vie avec facilité et en pleine conscience. Ce chapitre explique comment vous pouvez utiliser les techniques de pratique de l'ancrage et du centrage, et vous guide sur la façon de pratiquer la pleine conscience dans votre vie quotidienne.

L'ancrage consiste à prendre conscience de votre connexion avec votre corps (sentez vos pieds) et votre environnement (remarquez ce que vous voyez et entendez). Une excellente approche est la méthode « 5-4-3-2-1 » pour activer vos sens et ancrer votre esprit. Commencez par cinq choses que vous pouvez voir (comme un arbre par la fenêtre ou la texture d'une table). Ensuite, prenez conscience de quatre choses que vous pouvez ressentir physiquement : le tissu de vos vêtements ou la texture du sol sur lequel vous êtes assis ou debout. Ensuite, remarquez trois choses que vous entendez, deux choses que vous sentez et une chose que vous goûtez. Cette exposition et cet engagement de vos sens vous détournent des pensées folles et vous ramènent au moment présent, dont vous avez désespérément besoin lorsque les choses deviennent intenses.

La respiration consciente est un autre excellent outil pour s'ancrer. Le fait de pratiquer des mouvements d'inspiration et d'expiration profonds apaise l'esprit et le corps, nous amenant dans un état de repos et de relaxation. Une astuce simple s'appelle la respiration « 4-7-8 » : vous inspirez pendant quatre temps, retenez votre souffle pendant sept temps et expirez lentement pendant huit temps. Effectuez ce cycle plusieurs fois jusqu'à ce que vous vous sentiez détendu et que votre esprit soit présent dans l'instant présent.

Les exercices d'ancrage, comme se tenir pieds nus sur la terre, se promener ou même tenir un objet d'ancrage comme la pierre lisse mentionnée ci-dessus , sont des moyens physiques de se mettre à la terre. La connexion à la terre ou à un objet qui peut ancrer notre énergie aide à libérer l'inconfort et offre un degré de sécurité et de centrage.

Être attentif à votre routine quotidienne peut vous aider à être plus présent pendant la journée. Même quelque chose d'aussi simple qu'une tasse de thé peut devenir un rituel d'ancrage si vous le faites avec toute votre attention. Concentrez-vous sur la chaleur de la tasse dans vos mains, sur l'odeur du thé et sur l'expérience de son contact avec vos lèvres. Grâce à ces moments de présence intentionnelle, vous entraînez votre esprit à rester présent.

De la même manière, si vous remplissez votre journée de pensées vagabondes et sans esprit, pratiquez la présence dans les choses de la vie quotidienne – marcher, cuisiner, faire la vaisselle – et vous pourrez sentir le poids de votre corps sur le sol, bien plus ancré que vous ne l'êtes déjà. En marchant, remarquez comment vos pas atterrissent, la texture du sol sous vos pieds et les sons que vous pourriez entendre. Soyez attentif aux couleurs, aux sons et aux odeurs des ingrédients et de la cuisson pendant que vous préparez votre repas. De telles pratiques transforment les tâches banales en occasions quotidiennes d'être présent.

L'ancrage et la présence ne sont pas seulement des outils, ce sont des pratiques à adopter sur le long terme. La pratique constante de ces approches vous donnera les outils pour affronter les difficultés de la vie avec assurance. De cette façon, vous créez la voie vers une vie pleine de sentiment, où chaque instant est une chance de vous reconnecter à vous-même et au monde extérieur.

Assurez-vous d'expliquer comment : collecter des données, pas des hypothèses.

Aujourd'hui, les suppositions ont tendance à s'immiscer dans notre réflexion, à déformer nos perspectives et nos décisions. Les suppositions sont des raccourcis mentaux – souvent fondés uniquement sur des informations incomplètes ou des préjugés – qui nous éloignent de la vérité. Si vous voulez vous assurer de faire de bons choix et de participer à des interactions constructives, vous devez vous baser sur des faits, et non sur des impressions. Ce chapitre explique pourquoi vous devez éviter les suppositions, les avantages de vous en tenir aux faits et comment la pleine conscience peut améliorer la clarté de votre point de vue.

Pour en revenir à l'idée d'éviter de faire des suppositions, il faut faire un réel effort pour s'arrêter et se demander : « Est-ce vraiment ce qui se passe ici ? » Les suppositions surviennent lorsque nous essayons de combler des vides d'ignorance sans vérification. L'exemple classique est l'idée que lorsqu'un ami ne répond pas à un message texte, nous pensons immédiatement : « Oh, il est en colère contre moi ». Néanmoins, en réalité, la situation pourrait être complètement différente ; il se peut qu'il ait simplement été occupé, qu'il n'ait pas vu le message. Nous pouvons alors les remettre en question, car elles se fondent généralement sur des données partielles et recherchent la clarté.

Plonger dans les faits signifie s'en tenir aux éléments réels et prouvables d'un scénario. Cela signifie questionner, chercher des preuves et être ouvert à de nouvelles idées. L'important est de prendre une minute ou deux pour observer ce qui se passe, demander et confirmer au lieu de supposer . Ainsi, si un collègue semble distant, au lieu de penser qu'il est fou, vous pouvez l'approcher et lui demander si tout va bien. Cela permet d'atténuer les problèmes de communication et ouvre ainsi la voie à la confiance et à la communication.

La pleine conscience est une façon magique de clarifier votre vision et d'éviter les suppositions. La pleine conscience vous permet de voir les situations telles qu'elles sont au lieu de réagir immédiatement. Une pratique de pleine conscience qui peut être utile est l'esprit du débutant, qui consiste à essayer d'aborder chaque situation comme si c'était la première fois que vous la viviez. Cet état d'esprit particulier vous permet d'être curieux et ouvert d'esprit pour remarquer des choses que vous auriez normalement manquées.

Un autre outil de pleine conscience qui pourrait être utile est l'observation. Lorsque l'événement se présente, c'est le moment d'observer l'événement dans son intégralité tel qu'il s'est produit sans jugement. Concentrez-vous sur ce que vous voyez, entendez et ressentez. Et faites la distinction entre la réalité objective et l'expérience subjective. Par exemple, si quelqu'un vous parle durement, prenez ses mots et son ton au lieu de lui raconter une histoire comme « ils ne m'aiment pas ». Cela vous aide à réagir plutôt qu'à réagir.

Ils peuvent également aider à cultiver un esprit clair et calme. Lorsque vous sentez que vous êtes sur le point de faire des suppositions, fermez les yeux et prenez trois ou quatre respirations. Cet acte même offre un espace de contemplation, vous permettant d'évaluer la situation avec plus de recul. Vous pouvez également éviter les jugements impulsifs et rester concentré sur la collecte d'informations précises en calmant votre système nerveux.

Tout cela prend du temps et de la pratique, mais il est essentiel d'éviter les suppositions et de s'en tenir aux faits. Cela nécessite de vivre l'instant présent, de ne pas tirer de conclusions hâtives, mais de chercher à comprendre . Cela peut renforcer vos relations et vous conduire à prendre de meilleures décisions au fil du temps. Donner la priorité aux faits vous permet non seulement de voir clairement les événements, mais aussi de développer une attitude d'investigation. Cette transition vous permet de vous sentir plus confiant, concentré et compatissant dans la vie !

Intuition et peur : comment les différencier

Peut-être que la main qui guide votre volonté et retient votre attention est vraiment divine, comme ces croyances tentent de vous convaincre ; l'intuition et la peur sont des enseignants puissants et créent de fortes illusions. L'intuition est une compréhension profonde et instinctive qui surgit sans pensée consciente, et la peur est une réaction défensive face à un sentiment de danger imminent, façonnée par des expériences passées ou des menaces invisibles. Afin de faire des choix en accord avec qui nous sommes vraiment, nous devons faire la différence entre la connaissance qui vient de notre moi supérieur et les réactions qui découlent de la peur. Dans ce chapitre, nous découvrirons ce qu'est l'intuition, ce que sont les peurs, comment faire la différence entre les deux, et des conseils et exercices en or pour renforcer et avoir confiance en notre intuition.

L'intuition est une voix lente et claire, celle qui surgit lorsque l'esprit est calme et ne réfléchit pas trop. Il s'agit plutôt d'une poussée douce ou d'une partie de votre prise de conscience qui parle au cœur et non au cerveau. La peur, par exemple, se caractérise par la panique, l'urgence et le désespoir. Bien que la peur soit essentielle pour signaler où nous devons nous défendre contre de véritables menaces, elle peut également être trompeuse, en particulier si elle provient d'autres sources – insécurité, antécédents de traumatisme ou conditionnement social.

L'intuition et la peur peuvent être différenciées l'une de l'autre en observant les tensions corporelles et les sentiments qu'elles génèrent. L'intuition semble toujours assez stable et ancrée, même lorsqu'elle annonce une décision difficile. En revanche, la peur a tendance à être très chaotique et envahissante, activant notre instinct de combat ou de fuite. Par exemple, si vous envisagez une nouvelle offre d'emploi, l'intuition vous murmurera d'y aller à l'oreille, et la peur vous hurlera que cela finira par être un échec et que vous devrez démissionner en un rien de temps.

Pour comprendre ces forces, il est important de localiser la source de vos émotions. Demandez-vous si votre réaction est due à des vérités réelles présentes ou à des situations fictives. L'intuition vit dans le présent, elle vous guide sur le chemin de votre véritable moi. La peur, en revanche, vous entraîne souvent dans un état de « et si » et peut ainsi susciter une réticence ou une panique inutiles. La prise de conscience demande de la pratique et de l'attention.

Les exercices de réflexion sont un moyen de renforcer la connexion à l'intuition. Tenir un journal vous aide à clarifier vos pensées et à déterminer ce que vous ressentez réellement. Si vous devez choisir entre deux ou plusieurs options, décrivez vos premières impressions, puis voyez comment vous les ressentez : calme et ancré (intuitif) ou agité et désorienté (peur). Au fur et à mesure que vous pratiquez, vous commencez à reconnaître votre voix intuitive à travers des schémas.

La méditation est un excellent outil pour accéder à votre intuition. Lorsque nous calmons notre esprit et amenons notre conscience dans le présent, nous laissons la place à notre intuition pour émerger. L'un des exemples les plus simples de méditation serait de s'asseoir dans un endroit calme, de fermer les yeux et de se concentrer sur la respiration profonde. Nous reconnaissons que des pensées surgiront , mais nous les abordons sans porter de jugement lorsqu'elles passent comme des nuages dans le ciel. Lorsque vous êtes dans ce cadre immobile, vous pouvez mieux vous aligner avec votre véritable moi.

Améliorer votre capacité à faire confiance à votre intuition Les exercices de prise de conscience corporelle peuvent également vous aider. Souvent, votre corps répond aux signaux intuitifs bien avant que votre esprit conscient ne formule vos pensées. Une tension ou une légèreté au niveau de votre ventre, de votre poitrine ou de vos épaules peuvent par exemple vous indiquer ce que vous ressentez réellement. Essayez d'analyser votre corps lorsque vous faites un choix et vous commencerez à remarquer ces petits signaux.

En fin de compte, faire confiance à votre intuition revient à agir en fonction d'elle par petites étapes intentionnelles. Commencez par des choix de niveau inférieur, comme où manger ou quoi faire, et voyez ce qui se passe. Remarquez ce que vous ressentez en suivant votre intuition ; qu'est-ce que cela vous apprend ? Lorsque vous faites confiance à votre intuition de cette manière, vous vous aidez simplement à vous préparer lorsqu'il s'agit de l'utiliser pour les grandes décisions de votre vie.

Faire la distinction entre l'intuition et la peur vous permet d'interpréter quelle décision résonne le plus profondément en vous. Lorsque je reçois cette information, cela signifie que je crois en eux pour ne pas me tromper, cela me guide à travers les difficultés où que leur vie et la mienne nous mènent. Efficace parfois, la peur vous inflige une impulsion de contrôle jusqu'à ce que vous vous rendiez compte de sa présence et que vous y répondiez consciemment. En possédant cette connaissance, vous pouvez avancer dans votre vie avec clarté, confiance et la profonde confiance en votre propre savoir.

5

Gérer le stress et l'anxiété dans les décisions

Le stress, qui est une réaction naturelle aux problèmes auxquels nous sommes confrontés, peut avoir un impact très important sur nos pensées, nos sentiments et notre comportement . Sous pression, notre processus de prise de décision instinctif fonctionne différemment de ce que nous pouvons réaliser consciemment. Les décisions stressantes sont celles que nous prenons non pas lorsque nous sommes clairs ou intentionnels, mais plutôt lorsque nous sommes pressés ou pris au dépourvu par le stress. Afin de prendre des décisions qui sont dans notre véritable intérêt, nous devons comprendre comment le stress influence la façon dont nous prenons des décisions et comment il déforme notre jugement.

Le sentiment d'urgence est l'un des premiers signes de changements comportementaux liés au stress qui affectent la prise de décision. Lorsque nous sommes stressés, notre réaction de combat ou de fuite se déclenche et notre cerveau a tendance à privilégier les solutions immédiates plutôt que la réflexion. Cela peut conduire à des jugements hâtifs faits sans prendre en compte les ramifications. Et une personne dépassée peut dire oui à de nouveaux projets ou à de nouvelles responsabilités juste pour éviter une dispute, tout en sachant que cela ne fera qu'accroître son stress. Cela nous rend plus susceptibles de choisir des options de poids qui entraîneront un soulagement instantané plutôt qu'un gain à long terme.

Une autre manifestation des mauvaises décisions prises à cause du stress est la diminution de la capacité à se concentrer ou à réfléchir. Le stress affecte les fonctions cognitives, ce qui signifie que nous pouvons avoir du mal à prêter attention aux détails ou à réfléchir de manière critique aux informations que nous recevons. Cela conduit généralement à négliger des variables ou à mal interpréter des valeurs. Par exemple, une personne qui subit un stress intérieur peut mal interpréter un e-mail ou avoir un trou de mémoire lors d'une conversation.

Les décisions prises sous l'effet du stress sont également caractérisées par une réactivité émotionnelle. Sous l'effet du stress, il est plus difficile de distinguer les sentiments des faits, et nombre de ces sentiments sont amplifiés. Mais les décisions que nous prenons sous l'effet de l'émotion seront toujours réactionnaires, motivées par la peur, la colère ou la frustration. Une personne peut, par exemple, s'emporter lors d'une réunion ou abandonner complètement un projet, non pas parce que c'est la meilleure chose à faire, mais parce que ses émotions ont pris le pas sur sa capacité à rationaliser la bonne marche à suivre.

Le stress peut donner l'impression aux gens d'avoir une vision tunnel – il peut obscurcir notre perspective. Mais lorsque notre esprit est submergé, il se concentre sur ce qui représente une menace ou une difficulté immédiate, au lieu de se concentrer sur les potentiels qui existent. Cette perspective étroite étouffe la créativité et l'adaptabilité, et produit des décisions basées sur ce qui peut être rationnel sur le moment, mais qui passent à côté de la vue d'ensemble. Par exemple, si un dirigeant ressent de la pression, il peut réduire les coûts en supprimant des ressources essentielles, pour découvrir plus tard que ces ressources étaient vitales pour le succès de l'organisation.

Le stress fausse le jugement d'une manière qui peut vraiment faire la différence. Lorsque nous disposons de peu de temps et de ressources, nous avons tendance à rechercher des solutions rapides et à court terme plutôt que des solutions à long terme. En effet, en mode stress, le cerveau est littéralement programmé pour résoudre la menace la plus immédiate pour la survie et ne tient pas compte des considérations à plus long terme. En outre, le stress peut également fausser la perception du risque et de la récompense, ce qui entraîne une aversion au risque ou un comportement de recherche du risque . Un investisseur, sous stress, peut quitter le marché trop tôt, renoncer à des profits potentiels ou investir de l'argent dans un investissement à haut risque pour récupérer rapidement tout ce qu'il a perdu.

La prise de décision est généralement due au stress, il faut donc être conscient que ce processus est guidé par le stress. Si nous prêtons attention à ce que nous ressentons physiquement et émotionnellement, nous serons capables de reconnaître les moments où le stress est déclenché. Et votre sentiment peut être de l'anxiété, une crise de panique, avec des symptômes de rythme cardiaque rapide, d'essoufflement ou de tension musculaire pour des signaux physiologiques ou des signes d'irritabilité, d'indécision ou de surstimulation pour des signaux émotionnels. Il est temps de s'arrêter et de faire le point lorsque ces choses se produisent.

Il faut donc atténuer les effets du stress sur la prise de décision en créant un espace de réflexion et de repos. Des stratégies simples, comme respirer profondément, écrire dans un journal ou faire une petite promenade, peuvent aider une personne à se ressourcer mentalement et physiquement. La rupture du cycle entre la pensée et l'action fait passer l'esprit de réactif à délibéré. Il en va de même pour demander l'avis d'amis, de collègues ou de mentors de confiance – en évaluant vos options en pleine conscience et avec un stylo à la main.

Reconnaître les signes de décisions motivées par le stress et comprendre comment le stress fausse le jugement nous aidera à atténuer ses effets. Le stress est inévitable, mais nous ne sommes pas obligés d'agir en conséquence. En restant conscients des incitations que certaines circonstances difficiles ont sur notre comportement et en élaborant de manière proactive des stratégies pour éviter ces pièges, nous pouvons traverser ces situations avec plus de clarté, de sorte que nos choix correspondent mieux non seulement à ce que le moment exige de nous, mais aussi à ce que nous voulons vraiment faire. Cela ouvre la voie à des décisions conscientes qui profitent à notre santé mentale et sont alignées sur l'avenir que nous souhaitons pour nous-mêmes.

Cet article fait partie de la série « Réparez votre propre stress » et « La pleine conscience est-elle nécessaire pour vous ? » Tapez des méthodes flexibles de réduction du stress.

Le stress fait partie de la vie et il est présent, mais notre réaction à ce stress est beaucoup plus révélatrice de son impact sur notre santé. Le stress nous motive et nous donne parfois de l'énergie, mais un stress continu ou non traité a un impact sur la santé de l'esprit et du corps. La solution à ce problème est la pleine conscience, qui réduit le stress et crée un sentiment de paix dans l'instant présent. En s'engageant dans des pratiques de pleine conscience telles que la méditation, la respiration profonde ou les techniques de relaxation, la pleine conscience aide à faire face au stress et à rétablir l'équilibre.

L'une des meilleures techniques pour soulager le stress et qui fait partie intégrante de la pleine conscience est la méditation. La méditation consiste simplement à prendre le temps de prêter attention et de vider votre esprit des pensées qui défilent. Pour commencer une pratique simple de méditation, trouvez un endroit calme et asseyez-vous confortablement. Fermez ensuite les yeux, détendez-vous et concentrez-vous sur la sensation de votre respiration qui entre et sort. Lorsque des pensées surgissent – et elles le feront – remarquez-le, sans jugement, et concentrez-vous à nouveau sur votre respiration. Pratiquer cela ne serait-ce que quelques minutes chaque jour peut aider à réduire le stress car cela calme l'esprit et crée de la clarté.

Les exercices de respiration profonde sont également un excellent moyen de soulager le stress, car ils équilibrent votre système nerveux, ce qui inhibe certains des effets physiques du stress. Une méthode populaire est appelée respiration diaphragmatique (ou abdominale). Essayez ceci : — Placez une main sur votre poitrine et une main sur votre abdomen, prenez maintenant une profonde inspiration par le nez, la main sur votre abdomen doit se lever tandis que la main sur votre poitrine doit rester immobile. Maintenant, ouvrez la bouche et expirez lentement, en laissant votre estomac redescendre. Cela met en évidence la réaction gênante du corps, le mode de combat ou de fuite mis en place pendant la tension, en activant la réaction de loisir du corps.

La relaxation musculaire progressive est une autre méthode basée sur la pleine conscience qui permet de réduire les tensions physiques généralement liées au stress. Cette méthode consiste à resserrer et à relâcher progressivement différents groupes musculaires du corps. Tout d'abord, contractez les muscles des orteils pendant quelques secondes, puis relâchez-les en vous concentrant sur la sensation de relaxation. Essayez de bouger systématiquement dans tout votre corps : des orteils aux jambes, du ventre aux bras, des épaules au visage. Non seulement cela permet de soulager les tensions dans le corps, mais en tandem avec cette pratique, cela aide également à développer la conscience du lien entre l'esprit et le corps.

La gestion du stress par la pleine conscience ne se résume pas à quelques techniques, mais à la création d'un état mental qui vous ramène au moment présent. Le stress emmène l'esprit en voyage, soit vers le futur où le corps s'inquiète de ce qui pourrait arriver, soit vers le passé où il cherche des solutions. La pleine conscience interrompt ce cycle en vous ancrant dans le présent. Par exemple, lorsque vous sentez une accumulation de tension, arrêtez-vous et faites un mini-scan corporel. Observez votre corps de la tête aux pieds, en observant doucement les sentiments dans votre corps, mais sans les modifier. Et cette pratique vous encourage vraiment à accepter ce qui est, et cela peut être extrêmement paisible.

Pour résoudre durablement le stress, intégrez la pleine conscience dans vos activités quotidiennes, car c'est un facteur à garder à l'esprit. Toute activité quotidienne – marcher, manger ou même faire la vaisselle – peut se transformer en pratique de la pleine conscience. Concentrez-vous sur la cadence de votre marche et sur la texture du sol sur lequel vous marchez. Lorsque vous mangez, expérimentez les saveurs, les textures et les odeurs de ce que vous mangez en utilisant tous vos sens. Ces pratiques maintiennent le niveau de stress à un niveau bas et ajoutent de la richesse et de la présence à la vie quotidienne.

La pleine conscience change votre rapport au stress, et c'est pourquoi elle est si puissante. Elle vous invite à affronter les situations stressantes avec curiosité et ouverture plutôt qu'en y résistant ou en les craignant. Reconnaître votre stress (sans porter de jugement) vous permet de répondre aux défis avec plus de clarté et de résilience. Avec de la pratique, la pleine conscience est un outil que vous pouvez utiliser pour traverser les moments difficiles de la vie avec aisance, en abordant le stress avec sérénité et assurance.

En intégrant la méditation, la respiration profonde et les pratiques de relaxation à votre routine habituelle, vous construirez une base solide pour la gestion du stress. Associées à l'intention de rester présent et conscient, ces deux méthodes aident à atténuer les effets à court terme du stress tout en créant un plus grand sentiment d'équilibre et d'harmonie au fil du temps. La pleine conscience vous donne le pouvoir de contrôler votre vie, de vivre votre vie en toute simplicité, même lorsque la vie est en train de s'épuiser .

Gérer l'incertitude et l'anxiété

L'incertitude fait partie intégrante de la vie. Qu'il s'agisse d'une décision à prendre, d'une transition de carrière ou simplement d'un avenir incertain, l'inconnu s'accompagne souvent d'inconfort et d'anxiété. Faire face à l'incertitude est un acte de pleine conscience : il ne faut pas tomber dans le piège de l'inconnu, mais ne pas l'ignorer non plus. Cependant, avec quelques habitudes de pleine conscience et quelques tactiques concrètes, vous pouvez atténuer l'anxiété et voir au-delà du brouillard avant de prendre ces décisions à enjeux élevés.

Pour aborder l'incertitude en pleine conscience, commencez par reconnaître que l'incertitude n'est ni bonne ni mauvaise ; elle est simplement. Une grande partie de la peur de l'inconnu vient souvent du désir de contrôler une anxiété sur laquelle nous n'avons vraiment aucun contrôle. La pleine conscience nous permet de tolérer cet inconfort, d'observer ce que nous ressentons et la façon dont notre esprit réagit sans être totalement absorbé par eux. Ainsi, si vous n'êtes pas sûr d'une décision importante comme déménager ou aller travailler ailleurs, la pleine conscience vous dira de vous concentrer sur le moment présent et de ne pas essayer de vous perdre dans des situations de type « et si ». En réalisant qu'une grande partie de l'anxiété liée à l'inconnu est due à la réflexion sur l'avenir, vous pouvez vous concentrer sur ce que vous pouvez réellement contrôler.

Ancrez-vous dans le présent Une pratique pour lutter contre l'incertitude consiste à nous ancrer dans le potentiel d'être hors du présent. Lorsque vous sentez la peur de l'inconnu commencer à monter dans votre esprit, arrêtez-vous et respirez lentement, quelques respirations profondes. Tournez votre attention vers votre corps physique et votre environnement — le sol sous vos pieds, l'air contre votre peau ou le mouvement de votre respiration. Prendre de profondes respirations pour être attentif crée un espace entre vous et ces sentiments où nous pouvons répondre au lieu de réagir .

L'une des compétences les plus importantes pour faire face à l'incertitude est d'apprendre à accepter. Accepter ne signifie pas accepter que vous ne pouvez rien contrôler, mais savoir ce que vous pouvez contrôler et renoncer au reste. Si vous attendez une réponse à un entretien d'embauche, concentrez-vous sur ce que vous pouvez contrôler, comme lire pour les questions qui pourraient vous être posées à nouveau ou chercher d'autres postes. Cela vous aidera à réorienter votre énergie de l'inquiétude face aux résultats vers quelque chose de positif.

Étant donné le stress mental que provoquent souvent les choix à enjeux élevés, des stratégies pratiques peuvent vous aider à faire face aux situations de forte pression pour prendre de meilleures décisions avec moins d'anxiété. Une excellente façon d'y parvenir est de diviser les étapes de la prise de décision . Si vous essayez de déterminer si vous devez vous lancer dans une nouvelle entreprise, commencez par rechercher des informations sur celle-ci, telles que des prévisions financières ou des études de marché. Ensuite, discutez de votre situation avec des mentors ou des collègues de confiance. Vous parcourez réellement chaque partie de la décision et, petit à petit, le sentiment d'être dépassé commence à se dissiper et vous devenez plus clair.

Une autre technique consiste à faire preuve d'autocompassion lorsque vous doutez . L'autocritique est courante lorsque l'anxiété survient, avec des pensées telles que « Oh non, et si je fais une erreur ? » ou « Je ne peux pas faire ça ». Changez ces pensées en vous traitant comme un ami. Dites-vous que ne pas savoir quoi faire fait partie de l'évolution et que même faire le mauvais choix ne signifie pas que vous ne valez rien. En pratiquant l'autocompassion, vous gardez votre intérieur confortable, ce qui signifie que votre capacité à prendre des décisions devient plus adaptable.

La visualisation est l'un des outils permettant d'atténuer l'anxiété face aux décisions à enjeux élevés. Imaginez maintenant le meilleur résultat possible de votre décision et ce que votre cœur ressentirait s'il y parvenait. Ensuite, prenez un exemple des étapes que vous suivriez pour y parvenir. Cette pratique du calme favorise non seulement la paix de l'esprit, mais aussi un sentiment d'autonomie — elle vous rappellera que vous êtes aux commandes et que vous êtes capable de résister aux tempêtes.

Enfin, adoptez un état d'esprit qui considère l'incertitude comme une opportunité plutôt qu'un risque. Et si les espaces inconnus étaient ceux où nous grandissons, créons et découvrons ? Ce recadrage mental met l'accent sur la curiosité plutôt que sur la peur, ce qui vous donne la liberté d'explorer le possible au lieu d'être étouffé par la peur.

Apprendre à gérer l'incertitude et l'anxiété est un processus qui demande du temps et de la pratique. Mais si vous êtes capable de vous exercer à gérer l'incertitude les yeux grands ouverts, de vous sentir enraciné là où vous êtes maintenant et d'utiliser des méthodes éprouvées pour réduire l'anxiété, vous serez en mesure de traverser les eaux les plus agitées en silence et délibérément. Au fil du temps , vous verrez l'incertitude comme une porte d'entrée vers de nouvelles possibilités et un développement personnel, et non plus comme une source d'anxiété.

6

Renforcez votre confiance dans vos choix

Pour vivre confortablement dans sa peau, il faut en grande partie avoir confiance en son processus de prise de décision. Le doute sur soi-même peut faire obstacle à une bonne prise de décision et même conduire à l'hésitation, à la remise en question ou à la paralysie lorsqu'il s'agit de faire un choix. La conscience de soi, soutenue par un fort sentiment de confiance en soi, est le principe fondamental de la capacité à instaurer la confiance dans ses décisions. Combiner la pleine conscience avec une réflexion intentionnelle sur les expériences passées est un moyen efficace de renforcer cette confiance et d'affronter les choix de la vie avec plus de certitude.

Cela commence par s'ancrer dans l'ici et maintenant. Lorsque vous vous inquiétez constamment de l'avenir et que vous craignez de prendre la mauvaise décision, ou lorsque vous regrettez le passé et que vous avez l'impression que tout aurait pu être différent si quelque chose d'autre avait été fait. Pratiquer la pleine conscience vous permet de vous éloigner de ce bruit dans l'esprit et de choisir des décisions avec clarté plutôt que des décisions basées sur l'anxiété. Lorsque vous devenez plus présent, vous vous connectez à votre intuition et à vos valeurs, véritables bases des bonnes décisions.

La pleine conscience dans la prise de décision consiste à ralentir pour faire une pause avant d'avancer. Connectez-vous à votre esprit et à votre corps et observez vos pensées et vos sentiments avec compassion, autant que possible, lorsque vous avez le choix. Et alors que vous êtes sur le point de supprimer le backend, demandez-vous : Qu'est-ce qui motive cette décision ? Est-ce cohérent avec mon système de valeurs et mes objectifs à long terme ou provoqué par la pression des pairs ou des sentiments passagers ? En posant des questions, vous êtes en mesure de voir ce qui est important pour vous et vous commencez progressivement à avoir confiance en votre capacité à faire du bon travail en matière de décision.

Le pardon engendre également la confiance en soi lorsque vous acceptez le manque de perfection. Toutes les décisions ne mènent pas à la perfection et la perfection provoque un dégoût de soi inutile. La pleine conscience vous permet d'accepter que l'incertitude existe et que chaque décision, même celles qui vous mènent à des difficultés, a ses leçons. Si vous pouvez laisser tomber l'ancre du besoin de savoir avec une certitude à 100 %, vous pouvez commencer à avancer avec émerveillement et expérience (confiance et résilience !).

Une autre pratique essentielle pour vous aider à avoir confiance dans votre prise de décision est de réfléchir à vos choix passés. Cette histoire est écrite par vos choix, bons – des choix qui ont fonctionné, des choix qui n'ont pas fonctionné, mais tous vous ont conduit sur un chemin et vous ont donné l'occasion d'apprendre en cours de route. Revisitez ces moments, non pas en vous jugeant, mais en les explorant. Pensez aux décisions que vous avez prises dans le passé et qui se sont avérées bonnes et essayez de mettre le doigt sur les caractéristiques qui ont contribué à leur réussite – était-ce une répartition claire des rôles, une stratégie soigneusement élaborée ou un risque calculé ?

En outre, réfléchissez aux décisions qui ont été mauvaises et qui ont conduit à ce que le résultat ne se produise pas. Ne considérez pas ces choix comme des échecs, mais plutôt comme des occasions d'apprendre. Quelles connaissances avez-vous acquises ? Comment vous préparent-elles aux défis à venir ? Considérez les décisions que vous avez prises comme une compétence qui a mûri et qui a peut-être subi des itérations d'expérience en expérience. Reconnaître votre croissance vous donne confiance en vous-même et dans ce que vous pouvez entreprendre ensuite.

Une façon d'intégrer cette pratique réflexive est de tenir un journal. Documentez les choix importants que vous avez eu l'occasion de faire et réfléchissez aux raisons pour lesquelles vous les avez faits. Quelles émotions étaient présentes ? Q : Des pressions externes ont-elles influencé le processus ? Comment le résultat final se compare-t-il à ce que vous espériez atteindre ? Tenir un journal peut vous aider à identifier les obstacles dans votre processus de prise de décision, vos points forts et peut-être certains problèmes de prise de décision. Le faire régulièrement vous aide également à renforcer votre confiance en vous-même et à savoir que vous pouvez prendre des décisions intentionnelles.

Rester fidèle à soi-même signifie partager et faire confiance à votre processus de prise de décision. Votre point de vue vous appartient, personne n'a vécu ce que vous avez vécu, là où vous êtes et qui vous êtes, vous êtes si unique, avec vos valeurs et vos idées tirées de toutes les expériences de la vie sur lesquelles vous appuyer. La comparaison C, comme la comparaison B, peut vous mettre dans un état de doute sur vous-même et peut vous faire perdre confiance dans vos choix. La pleine conscience vous aide à apprécier votre point de vue et à avoir confiance que vous savez ce dont vous avez besoin mieux que quiconque. Être vous-même fournit une feuille de route claire pour la prise de décision qui peut être en phase avec votre véritable essence.

En substance, gagner en confiance dans votre processus de prise de décision demande de la pratique, de la patience et de la grâce. Quoi que vous fassiez, bien ou mal, ou d'où vous allez, vous apprendrez et grandirez à chaque choix que vous faites. Avoir un rappel constant vous permet de vous faire confiance dans chaque situation en prenant des décisions en pleine conscience, mais aussi en réfléchissant à vos expériences. Cela vous permet d'aborder l'avenir avec la confiance que, peu importe ce qui vous attend, vous avez la capacité et la force de faire face à tout cela.

Vaincre les doutes et le syndrome de l'imposteur

L'esprit peut s'accrocher à des événements du passé qui ne vous servent plus sous forme de regrets, ce qui conduit finalement au doute de soi. Les pensées étranges du type « et si j'avais pu faire autre chose, et si j'avais réagi plus vite » créent une boucle de réflexion négative qui tue votre confiance et votre résilience. Pour vous libérer de ces sentiments, vous ne devez pas oublier le passé, mais plutôt recadrer votre façon de voir les choses et développer de la compassion pour vous-même afin de pouvoir avancer sans regret et avec force et clarté.

commencer à abandonner les pensées du type « et si ? » . Une décision prise à un autre moment dans le temps représente la connaissance, les sentiments et le contexte de cette période de votre vie. En repensant à ces moments-là, avec le recul, on peut avoir l'impression que les choses auraient pu se passer différemment. La seule façon de nous libérer de ce cycle est de reconnaître et d'accepter la vérité selon laquelle nous ne pouvons pas changer le passé, mais en tirer des leçons.

La pleine conscience est une belle façon de vivre avec le regret, en vous ancrant dans le moment présent. Ainsi, lorsque les pensées du type « et si » vous viennent à l'esprit, n'oubliez pas de prendre une respiration et de ramener votre attention sur le moment présent. Reconnaissez vos émotions (tristesse, frustration ou déception) et comprenez que ces sentiments sont naturels, mais pas durables. En permettant aux choix du passé de faire partie de votre parcours unique, vous commencez à détourner votre attention de ce qui est fait vers ce qui peut encore être fait.

Le regret est également alimenté par le doute de soi, lorsque vous battez le tambour intérieur avec un discours intérieur négatif et remettez en question vos capacités. Il est important de pratiquer l'autocompassion pour vous aider à surmonter ce phénomène, ce qui signifie que vous devez vous traiter comme vous traiteriez votre meilleur ami. Sachez que la plupart des décisions sont le fruit d'un effort et d'une intention plutôt que de critiques que vous pouvez vous adresser pour vos erreurs. Vous avez peut-être fait un choix en vous basant sur peu d'informations, ou sur un souhait, même si le but n'est pas celui que vous souhaitiez. Le savoir crée de la compassion envers vous-même, un adoucissement de la nature sévère de l'autocritique.

Faire preuve d'autocompassion consiste en partie à repenser l'histoire de vos regrets. La prochaine fois que vous percevez un choix comme une erreur, voyez-le plutôt comme une expérience qui a approfondi votre connaissance de la vie. Une carrière qui a mal tourné vous a peut-être permis de développer votre résilience, de vous connecter avec des gens formidables ou de savoir ce que vous voulez faire. Chaque action, même lorsqu'elle s'accompagne de désagréments, est une part de votre pouvoir. Lorsque vous en tirez des leçons, vous transformez vos regrets en votre pouvoir.

Malgré les sentiments que suscite le doute , les exercices visant à renforcer votre confiance en vous-même vous permettront de renforcer votre résilience face à ce sentiment. Repensez aux moments passés où vous avez rencontré des difficultés, aussi minimes soient-elles. Peut-être avez-vous suivi le courant d'une évolution inattendue, géré un désaccord ou adopté une technique que vous ne vouliez pas adopter au départ. Ces moments sont la preuve vivante de votre capacité à endurer et des choix que vous avez faits qui ont produit un résultat positif. En repensant à ces succès, vous vous rappelez que la voix du doute est de courte durée et que vous possédez les compétences nécessaires pour aller de l'avant.

Une façon plus disciplinée de mettre un terme aux regrets et aux doutes est de créer une intention d'aller de l'avant. Choisissez une petite opportunité réalisable que vous pouvez créer ou un morceau de ce qui vous semble brisé que vous pouvez guérir. Si, par exemple, vous réalisez que vous auriez aimé travailler dans une profession particulière , vous pouvez suivre un cours en ligne dans ce domaine, contacter des personnes de cette profession ou faire du bénévolat. L'action combat le sentiment d'impuissance, faisant du choix d'aller de l'avant une puissante démonstration d'autonomie et de détermination – un petit acte de défiance contre la croyance selon laquelle l'avenir doit ressembler au passé.

Il faut aussi s'entourer de personnes qui croient en soi, qui soutiennent votre cheminement vers la meilleure version de vous-même et qui vous acceptent tel que vous êtes. Parlez à un ami, à un membre de votre famille ou à un mentor de vos sentiments de regret ou de doute. En écoutant leur point de vue, vous aurez une nouvelle perspective et vous vous rappellerez que vous n'êtes pas le seul à traverser cette épreuve. Parfois, le simple fait de parler de vos problèmes permet de faire une percée et d'obtenir la perspective nécessaire – merci.

Faire face aux regrets et au manque de confiance en soi est un processus de pleine conscience et d'intention qui dure toute la vie. Cela prend du temps et la capacité d'accepter ses erreurs fait partie de l'expérience humaine . Lorsque vous abandonnez les pensées du type « et si ? » et que vous vous accordez de la compassion envers vous-même, vous pouvez briser les chaînes du regret et retrouver votre pouvoir. Chaque instant est une nouvelle opportunité de réécrire votre histoire, non pas de l'effacer, mais d'évoluer au-delà, en acceptant les leçons et la force qui sont en vous. Croyez que vous pouvez et que vous allez grandir et continuez à faire ces pas, aussi petits soient-ils, avec la confiance que vous découvrez votre chemin vers VOUS !

Affirmer les résultats positifs

Une bonne façon de vivre est d'avoir une bonne vision. Chaque décision que nous prenons, petite ou grande, trace notre chemin – et affirmer leur bonté peut faire passer l'esprit du doute à la confiance. Nous faisons place aux possibilités et à l'autonomie qui propulsent notre croissance et notre réussite en utilisant la gratitude pour les choix du passé et la visualisation de ce qui fonctionne.

Pour être reconnaissant envers les décisions passées, il faut commencer par reconnaître les bienfaits que ces décisions ont apportés dans votre vie. Même les décisions qui ne se sont pas déroulées comme nous l'espérions ont tendance à nous enseigner des leçons cachées ou à créer des opportunités inattendues. Être reconnaissant dans ces moments-là recadre l'histoire de votre parcours et se concentre sur les opportunités, la croissance, tout ce qui s'est produit à cause de votre choix de devenir entrepreneur.

Identifiez les choix dont vous pouvez être fier, aussi simples soient-ils. Peut-être avez-vous accepté un emploi plus épanouissant, ou avez-vous rompu avec quelqu'un qui ne vous apportait aucun bien, ou avez-vous fait preuve de patience pour un passe-temps qui est devenu une partie importante de votre vie. Lorsque vous reconnaissez ces moments, vous renforcez le fait que vous êtes le type de personne capable de faire des choix qui mènent à de bonnes choses.

Cela peut même vous aider à voir le bon côté des décisions qui, à un moment donné, semblaient être la mauvaise décision. Réfléchissez à la façon dont ces moments ont inculqué en vous la résilience, la priorisation ou ont ouvert de nouvelles dimensions de la vision des choses. Par exemple, un changement de carrière intimidant à l'époque aurait pu vous orienter vers ce que vous étiez censé faire. Lorsque vous passez du regret à la gratitude en voyant les leçons tirées de ces expériences, vous éliminez le regret de l'équation.

Pour nourrir régulièrement cette reconnaissance, essayez de tenir un journal de gratitude axé sur les décisions. Chaque jour, prenez une décision que vous avez prise précédemment et qui influence votre vie pour qu'elle se développe et écrivez-la. Prendre des décisions qui reposent sur la réflexion fait l'histoire et vous emmène davantage dans un voyage de décisions futures.

Une autre méthode pour affirmer des possibilités positives consiste à visualiser des résultats positifs. L'esprit est un instrument extrêmement puissant, et en imaginant le succès, vous vous préparez et êtes plus susceptible d'agir avec confiance et détermination. C'est là que la visualisation joue un rôle, car elle vous aidera non seulement à garder vos pensées en tête, mais aussi à imiter les actions initiales dirigées vers votre objectif, ce qui crée un plan directeur de votre objectif dans votre tête.

Trouvez un endroit calme où vous pouvez vous concentrer pour commencer à pratiquer la visualisation. Imaginez un moment où vous avez pris des décisions qui ont conduit au succès. Allez-y, fermez les yeux. Visualisez tous les détails : à quoi ressemble l'environnement, ce que vous ressentez et comment les autres réagissent à votre égard et se comportent avec vous. Ainsi , si vous avez une grande présentation à venir, imaginez-vous en train de la faire en toute confiance, le public étant engagé et tout se déroulant bien. Plus votre visualisation est immersive sur le plan sensoriel, plus vous confirmez votre confiance en votre réussite.

Un autre bon exercice de visualisation consiste à imaginer regarder un film de votre objectif souhaité. Visualisez -vous en train d'atteindre cet objectif avec autant de détails que possible, en progressant vers lui, en surmontant les obstacles et en parvenant au résultat final ; presque comme si vous regardiez un film de cet objectif dans votre esprit. Visualiser ce film de pensées encore et encore répand la conviction et sert donc de rappel de votre dévouement au processus.

Vous pouvez combiner la visualisation avec des affirmations pour rendre la visualisation plus efficace. Les affirmations positives sont des affirmations qui renforcent la confiance que vous avez en vous-même et les choses positives que vous souhaitez accomplir. Par exemple, répétez-vous : « Je peux prendre des décisions qui mènent au succès » ou « Chaque décision que je prends me rapproche un peu plus de mon objectif ». La récitation quotidienne de ces affirmations établit un état d'esprit positif et de confiance en soi.

La pratique de la gratitude et de la visualisation vous permet d'adopter un état d'esprit qui célèbre vos décisions passées et vos espoirs pour l'avenir. Cela vous permet d'affronter les difficultés avec ténacité et d'envisager de nouvelles voies avec enthousiasme. Il ne s'agit pas de négliger toute la douleur, mais de reconnaître que vous avez la capacité de la surmonter et de continuer à faire ce que vous avez prévu de faire. Votre confiance dans la prise de décision progressivement construite sur cette pratique vous permet de façonner une vie basée sur vos désirs les plus sincères.

7

Prise de décision consciente dans les relations

Nos relations sont l'une des parties les plus importantes de notre vie et elles déterminent la façon dont nous nous voyons et le sens que nous donnons au monde. Elles façonnent également les décisions que nous prenons, nous attirant ou nous poussant souvent dans des directions invisibles ou évidentes. Ces dynamiques peuvent souvent se jouer dans notre inconscient lorsque nous prenons des décisions, et nous devons les gérer en pleine conscience, en nous engageant à maintenir des lignes de communication ouvertes et des limites très claires.

Les décisions ont un impact sur les relations d'une manière qui passe généralement inaperçue. Les désirs, les opinions, les perceptions et les attentes des personnes les plus proches de nous – partenaires, famille, amis ou collègues – peuvent influencer ce que nous faisons (soit en accord avec notre propre objectif ou notre réussite, soit à l'opposé). Par exemple, parce qu'un parent souhaite que son enfant devienne médecin, son enfant peut finir par le devenir, même s'il sait que la médecine n'est pas sa passion. De même, la peur de décevoir votre partenaire ou ami vous poussera à prendre des décisions plus susceptibles de mettre fin à votre relation avec lui.

Pour contrer ces influences, il faut d'abord en prendre conscience. Il peut être utile de se demander si la décision que vous prenez vous appartient entièrement ou si elle est née des souhaits et/ou des attentes d'autrui. Par exemple : « Est-ce que cette décision est prise parce qu'elle correspond à qui je suis et à ce que je veux pour ma vie, ou parce que j'ai peur de la réaction des autres ? » En pratiquant la pleine conscience, vous pouvez séparer les attentes extérieures des désirs intérieurs, ce qui vous permet de prendre des décisions qui correspondent à votre véritable moi.

Que nous soyons d'accord ou non avec une personne, la communication consciente a un rôle important à jouer. Communication – Abordez la communication avec un état d'esprit clair et ouvert où l'objectif est la compréhension plutôt que la fréquence qui lui est associée, cela aidera à éliminer les malentendus qui sont généralement à la base de nombreuses disputes dans une relation. De même, lorsque vous souhaitez communiquer ou exprimer quelque chose ou prendre une décision, la pleine conscience vous encourage à le faire avec plus d'intention et de conscience, en utilisant un langage qui exprime au mieux ce que vous ressentez, mais en même temps en étant également conciliant envers l'autre partie. Au lieu de dire « tu ne soutiens jamais mes idées », écrivez ce que vous ressentez en utilisant des phrases du type « je me sens… quand… » comme « je ne me sens pas soutenu lorsque tu ne prends pas en compte mes idées ».

La communication consciente repose également sur l'idée que l'on doit écouter pleinement. La plupart du temps, les conversations au sein d'une relation ne sont qu'une guerre pour savoir qui peut le mieux faire passer son message, sans que l'un ou l'autre des deux camps n'écoute. L'écoute active vous permet de vous immerger pleinement dans ce que l'autre dit et ressent tout en permettant à l'autre de se sentir compris et apprécié. Cela peut consister à maintenir un contact visuel, à hocher la tête ou à indiquer que vous écoutez, et à ne pas interrompre quelqu'un lorsqu'il parle. L'écoute consciente améliore non seulement la compréhension, mais elle renforce également le lien et la confiance.

Tout aussi important de fixer des limites et de les respecter pour une dynamique relationnelle saine. Les limites sont les murs que nous érigeons pour rester en bonne santé émotionnelle et elles déterminent la manière dont nous permettons aux autres de nous traiter. La pleine conscience vous permet de reconnaître quand les autres testent vos limites, les repoussent ou doivent être à nouveau mis en place avec de nouvelles limites. Imaginons qu'un ami vous appelle régulièrement pendant vos heures de travail ; la pleine conscience vous permet de reconnaître que c'est une source de stress et vous permet d'exprimer une limite : « J'aime bien te parler, mais je dois travailler pendant la journée. Pouvons-nous plutôt parler le soir ? »

Il est tout aussi important de respecter les autres et leurs limites. La pleine conscience vous aide à réagir avec acceptation plutôt qu'avec une réaction défensive lorsque quelqu'un exprime un besoin ou une limite. Par exemple, lorsqu'un partenaire demande à prendre du temps pour poursuivre des projets personnels passionnants, plutôt que de considérer cela comme un signe de rejet, la pleine conscience vous permet de voir cela comme un acte de soin personnel qui améliore la relation.

Une partie de la pratique consciente des relations consiste à savoir que toutes les relations ne peuvent pas être contrôlées. Bien que vous puissiez faire de votre mieux pour promouvoir la compréhension et le respect, il est utile de se rappeler que chaque personne a sa propre histoire, son propre passé et ses propres réactions. Cette pleine conscience vous aide à vous adoucir face à ces différences au lieu de vous juger tous les deux, afin que vous puissiez tous les deux vous sentir en sécurité pour vous exprimer, par exemple, l'un à l'autre.

Grâce à la pleine conscience, vous pouvez être plus conscient de vous-même, communiquer de manière plus réfléchie et respecter les limites dans vos relations. Cela renforce le comportement positif pour la santé et réduit le risque de ressentir une pression extérieure en prenant une décision qui n'est pas en accord avec vos valeurs et vos priorités. En fin de compte, les relations conscientes vous donnent la capacité de naviguer dans la dynamique où le pilier de votre bien-être interagit avec tous les autres ; elles sont donc construites sur des piliers de respect mutuel, de compréhension et d'authenticité.

Gérer les conflits de manière consciente

Les relations humaines sont essentielles à la construction de notre monde. Ces relations sont également source de conflits. Dans la sphère privée comme dans la sphère professionnelle, les divergences d'opinion naissent de points de vue, d'exigences ou d'attentes contradictoires. Même si nous nous sentons mal à l'aise pendant un conflit, c'est un signe que nous sommes vivants, que nous évoluons et que nous avons l'occasion de comprendre nos différences et de nouer des liens plus solides. Une gestion consciente des conflits signifie ne pas réagir, mais faire preuve d'empathie et d'écoute mutuelle, ce qui pose les bases de la résolution des problèmes tout en restant respectueux les uns envers les autres.

La première étape pour gérer un conflit en pleine conscience consiste à contrôler vos réactions initiales. Et ce bouton sur lequel vous êtes sur le point d'appuyer, qui fera surgir en vous un flot de réponses émotionnelles – colère, frustration, hostilité, attitude défensive. Ces réactions peuvent amplifier les tensions et créer plus de difficultés pour les résoudre. L'une des choses que vous apprendrez de la pratique de la pleine conscience est de vous asseoir avec une envie de réagir, en créant un espace pour traiter une situation de manière rationnelle plutôt qu'émotionnelle. L'instant suivant, vous sentez la vague d'une impulsion réactive, respirez et reconnectez-vous avec l'ici et maintenant. Ce moment de pause vous donne l'espace pour ressentir vos sentiments et réagir de manière réfléchie plutôt que réactive.

Une bonne technique pour ne pas exploser est de prendre l'habitude de ne pas juger. La plupart du temps, cependant, au plus fort de nos émotions, tout ce qui est dit ou fait est pris comme un affront personnel. La pleine conscience considère que l'acte et la personne qui l'a accompli ne sont pas une seule et même chose, et que le comportement doit primer sur la personne à blâmer. Faites preuve d'empathie : par exemple, au lieu de vous mettre sur la défensive parce qu'un collègue a été brusque, demandez-vous si son ton est dû au stress ou à d'autres éléments de sa vie. Désormais, au lieu de la confrontation, cette perspective laisse place à un dialogue fructueux.

Empathie : Pratiquer l'empathie est la première étape vers une résolution consciente des conflits. En bref : l'empathie consiste à se mettre à la place de l'autre personne et à essayer de comprendre ses sentiments et ses motivations. Et même lorsque nous ne sommes pas d'accord, cela nous aide à nous sentir connectés et respectés. Commencez par valider que l'expérience de l'autre personne est réelle et vraie, même si elle peut être différente de la vôtre. Par exemple, lors d'une confrontation avec un ami, vous pourriez dire : « Je comprends que tu sois très bouleversé par cette affaire et je veux en savoir plus sur ce que tu ressens. »

L'écoute active est également très importante pour la résolution consciente des conflits. Souvent, dans les moments de tension, vous n'écoutez pas du tout l'autre personne - vous êtes simplement occupé à préparer votre argument. Cela nécessite que vous écoutiez vraiment ce qu'elle dit, ainsi que ses sentiments et ses besoins. Cela implique d'éliminer les distractions, de maintenir un contact visuel et de hocher la tête ou de faire des affirmations verbales pour indiquer que vous êtes attentif. Si quelque chose n'est pas clair, demandez des éclaircissements - quelque chose comme, que voulez-vous dire (par là) ? Cela évite les mauvaises interprétations ou informe l'autre que vous appréciez son point de vue.

Lorsque vous écoutez, essayez également de lui renvoyer la même information, afin que vous compreniez tous les deux ce que vous avez entendu. Par exemple, vous pourriez dire : « Vous avez l'air de souffrir ; vous avez eu l'impression d'être exclu de la décision. Est-ce vrai ? » L'écoute réflexive montre à la personne que vous accordez de l'importance aux sentiments qu'elle exprime et que vous essayez de comprendre son point de vue.

Contrairement à l'empathie et à l'écoute active, qui se préoccupent de l'autre, la résolution consciente des conflits consiste également à exprimer authentiquement vos propres besoins et sentiments. Lorsque vous vous exprimez avec clarté et calme, vous minimisez le risque d'être mal compris et faites évoluer la conversation vers une résolution. Exprimer son point de vue sans blâmer en utilisant des phrases à la première personne Au lieu de dire « Tu ne m'écoutes jamais », reformulez-le en « Je ne me sens pas entendu lorsque mes idées ne sont pas prises en compte dans nos discussions ». Cela transforme le blâme en expérience, provoquant la conversation plutôt que la défense.

Trouver un terrain d'entente fait également partie de la résolution des conflits. Si un conflit creuse un fossé entre deux parties, si vous mettez en avant des objectifs ou des valeurs communs, vous redirigez le dialogue. Dans un conflit au travail sur les priorités d'un projet, vous pourriez dire : « Nous voulons tous les deux que ce projet réussisse. Comment pouvons-nous nous coordonner pour obtenir le résultat optimal ? » C'est cette méthode qui nourrit le partenariat et l'objectif commun.

Enfin, ne vous attendez pas à ce que tous les désaccords soient résolus immédiatement ou dans des conditions idéales. La pleine conscience vous aide à accepter cela comme une réalité de la vie avec grâce et à réaliser que l'essentiel n'est pas d'être d'accord sur tout, mais de se traiter mutuellement avec respect et compréhension. Parfois, la meilleure réponse est d'accepter de revenir à la conversation plus tard ou de reconnaître que vous pouvez être en désaccord et vous entendre malgré tout.

des comportements non réactifs , en pratiquant l'empathie et l'écoute active afin de pouvoir transformer le moment de conflit en un moment de sens et de connexion. Résoudre les conflits de manière consciente permet non seulement de régler les différends, mais aussi de renforcer la connexion, en établissant un lien de confiance et de respect capable de résister aux tempêtes futures.

Faire des choix collaboratifs

La collaboration est sans doute la base de relations saines et d'un travail d'équipe productif. Qu'elle soit personnelle ou professionnelle , quelle que soit la forme de collaboration, la meilleure solution consiste à trouver un équilibre entre vos propres besoins et ceux de vos interlocuteurs. Cela nécessite un niveau de respect et de compréhension de la part des deux parties. En présence de pleine conscience et d'intentionnalité, la collaboration transforme la prise de décision d'une performance individuelle qui détruit les relations et conduit à des résultats médiocres, en un travail partagé qui lie les relations et conduit à des résultats de meilleure qualité pour tous les acteurs du système.

Pour maximiser vos besoins avec d'autres personnes, vous devez définir des objectifs et des priorités clairs en fonction de vos propres valeurs. Avant de vous lancer dans un environnement de collaboration, réfléchissez à ce qui compte le plus pour vous lorsque vous devez faire un choix. Qu'il s'agisse d'une décision familiale commune, d'un projet de groupe ou d'un partenariat commercial, il est essentiel de connaître votre objectif et vos limites pour travailler en harmonie. La collaboration nécessite également une certaine volonté de prendre en compte les idées et les intérêts des autres. Sachez que vous n'êtes peut-être pas tout à fait sur la même longueur d'onde en ce qui concerne les priorités.

Transformez cela en un état d'esprit curieux et flexible. Venez aux conversations avec un esprit ouvert et soyez capable d'écouter la conversation et d'explorer les options plutôt que de vous accrocher à une position. Par exemple, si vous décidez de partir en vacances en famille, vous préférez peut-être la détente, mais un autre membre de la famille peut préférer l'aventure. Au lieu de considérer cela comme une conversation sur des intérêts concurrents, considérez-la comme une opportunité de collaborer à la conception d'une solution qui incarne certaines des préférences des deux membres.

Il faut également une communication claire, qui est également essentielle pour une collaboration efficace. En énonçant directement vos besoins, vous permettez aux autres de comprendre votre point de vue et, en retour, en les écoutant, vous pouvez vous assurer qu'ils se sentent également entendus. Veillez à utiliser la première personne, également connue sous le nom de « je » , pour communiquer et ne pas blâmer ou juger. Ainsi, au lieu de dire « tu rejettes toujours mes idées », dites plutôt « je me sens rejeté lorsque mes idées ne sont pas prises en compte ». Cela s'oriente beaucoup plus vers la collaboration que vers la confrontation.

Vous devez vous engager dans des exercices qui encouragent une connexion et une empathie plus profondes pour favoriser le respect et la compréhension mutuelle. Parmi ces exercices, on peut citer la prise de perspective. Dans une conversation, mettez-vous consciemment à la place de l'autre personne et essayez d'imaginer comment la situation pourrait lui apparaître. Pensez à des questions telles que : « Que pourrait-elle traverser ? Quels sont les défis ou les priorités qui influencent son point de vue ? » Grâce à ce cadre mental, nous entamons une conversation avec compassion, ce qui réduit les problèmes de communication et permet une plus grande bonne foi.

Un deuxième exercice intéressant consiste à travailler ensemble pour résoudre un problème. Au lieu d'opposer un intérêt à un autre, envisagez une décision comme un défi à relever. Commencez par définir le problème et laissez chacun s'exprimer. À titre d'exemple, dans un contexte de travail, si les membres d'une équipe se disputent sur les ressources à allouer, commencez par dire quelque chose comme : « Quels sont les objectifs clés de ce projet et comment pouvons-nous exploiter nos ressources collectivement pour y parvenir ? » Cela permet au groupe de trouver des solutions créatives qui peuvent être mutuellement bénéfiques pour répondre à différents besoins, étant donné qu'elles visent des objectifs communs.

Écoute active — Une pratique de base qui consiste à écouter pour comprendre et non pour répondre . Cette pratique peut changer le cours de toute conversation et favoriser la collaboration. Prenez l'habitude d'être pleinement présent à ce que l'interlocuteur dit et ressent pendant vos conversations. Ne cédez pas à la tentation de l'interrompre ou de planifier votre réponse lorsqu'il/elle parle. Au contraire, reproduisez ce que vous avez entendu pour vérifier que vous avez bien compris. Par exemple, vous pourriez dire : « On dirait que vous vous inquiétez de l'impact de ce choix sur notre calendrier. Est-ce vrai ? » Cela permet d'éviter les malentendus et montre également que vous vous souciez de son opinion.

Adopter un compromis est une autre façon de renforcer le respect mutuel. Dans le cadre d'une collaboration, il est souvent nécessaire de faire des compromis : malheureusement, personne n'obtient tout ce qu'il veut, mais il faut trouver un terrain d'entente où tous les besoins fondamentaux sont satisfaits. Il ne s'agit pas de faire des compromis, mais plutôt d'élaborer des solutions qui tiennent compte de la contribution de chacun et de ses priorités. Par exemple, si deux groupes participant à une réunion de planification communautaire accordent respectivement de l'importance aux espaces verts et aux infrastructures, un compromis pourrait être trouvé de manière appropriée en combinant les deux dans un seul plan.

Enfin, choisir de travailler ensemble prend du temps et nécessite de réfléchir à long terme. Certaines décisions ne se résoudront pas en une seule conversation et certains compromis prendront également du temps à mettre en œuvre. Garder l'avenant respectueux et compréhensif créera une atmosphère de confiance qui permettra des collaborations plus approfondies et plus productives à l'avenir.

La collaboration est une danse fluide, qui exige vulnérabilité, honnêteté et adaptabilité. Vous pouvez faire de l'équilibre entre vos besoins et ceux des autres un processus collaboratif dans lequel le respect mutuel prospère et les résultats sont significatifs pour toutes les personnes impliquées. La collaboration ne se résume pas à la nécessité de se mettre d'accord (si nous étions tous d'accord, nous ne pourrions jamais rien cocréer), mais plutôt à quelque chose d'encore plus profond qui se produit au fur et à mesure que nous le faisons : trouver les solutions dont nous avons besoin pour honorer chaque contribution et tisser un tissu de confiance et de continuité.

8

Appliquer des choix conscients aux décisions importantes de la vie

Il s'agit de l'une des décisions les plus importantes que nous prenons, car la carrière et les finances sont des éléments clés qui détermineront l'orientation de notre vie. Ces choix peuvent être revigorants, mais ils peuvent aussi naturellement entraîner une ambiguïté et de l'anxiété. Intégrer la pleine conscience dans le processus de prise de décision vous permet d'aborder les changements de vie liés à votre carrière et à vos finances avec clarté, intention et résilience, en veillant à ce que vos décisions fonctionnent dans votre intérêt, dans le respect de vos valeurs et de votre vision à long terme.

La pleine conscience est la première étape de la prise de conscience de soi, un élément important lors de l'évaluation des parcours professionnels ou des objectifs financiers. Les décisions de carrière peuvent souvent impliquer plus que l'argent, comme la satisfaction au travail, la sécurité financière et le potentiel de croissance. Les affaires financières impliquent également des choix, à court terme ou à long terme. Au milieu de ces complexités, la pleine conscience peut vous donner l'occasion de prendre du recul, de réfléchir à ce qui est vraiment important et de n'entreprendre que les actions qui correspondent à votre vision.

La première étape pour adopter une approche consciente des choix de carrière est de vous demander pourquoi. Si votre carrière idéale est déjà une réalité ou pourrait bientôt l'être, réfléchissez à ce qui correspond le mieux à vos valeurs. Voulez-vous plus de créativité, de stabilité ou de potentiel d'impact ? Lorsque vous savez ce qui compte pour vous, vous pouvez vous débarrasser des influences extérieures et prendre des décisions en fonction de ce dont vous avez besoin par rapport à ce que vous pensez avoir besoin. Ainsi, si vous avez un nouvel emploi sur la table qui paie beaucoup plus et nécessite beaucoup de déplacements, être attentif vous aidera à évaluer ce que vaut vraiment le temps perdu avec la famille ou le sentiment perdu d'équilibre entre vie professionnelle et vie privée .

Une orientation professionnelle consciente signifie également que vous êtes capable d' identifier les peurs ou les croyances limitantes qui pourraient influencer la façon dont vous naviguez dans votre carrière. Les décisions qui découlent de l'évitement plutôt que de la croissance sont celles qui sont influencées par la peur – peur de l'échec, peur de l'inconnu ou même simplement peur de vos propres capacités. La pleine conscience vous invite à observer ces peurs sans les laisser conduire le bus. Par conséquent, lorsque vous envisagez un changement de carrière potentiel, prenez un moment et encouragez-vous à considérer non seulement les risques, mais aussi les possibilités et le développement qu'il peut entraîner. Un tel équilibre des perspectives crée un sentiment d'autonomisation et atténue la paralysie que crée la peur.

Aborder les décisions financières de manière consciente est une stratégie plus optimale, tout comme les décisions de carrière. En effet, l'argent est comme un être émotionnel plein de désirs sur lequel beaucoup appliquent leur subjectivité et tentent de lui donner un but dans la vie (l'espoir de sécurité, de liberté, la peur, etc.). Dans la prise de décision ou la planification financière, la pleine conscience vous permet de vous différencier de vos impulsions émotionnelles. Par exemple, si vous êtes sur le point de faire un achat important, prenez un moment pour vous demander si cet achat fait partie de votre plan financier à long terme ou s'il s'agit simplement d'une envie émotionnelle spontanée. Ce bref instant crée dans notre esprit un espace pour choisir judicieusement.

Une planification financière réfléchie commence par savoir ce que vous voulez accomplir avec vos finances. Si vous économisez pour une maison, remboursez une dette ou économisez pour une urgence, la pleine conscience vous permet de garder les yeux fixés sur l'objectif et de ne pas vous laisser distraire de ce qui compte vraiment pour vous. Elle vous aide à déterminer si ce pour quoi vous dépensez ou économisez correspond à ce que vous voulez faire. C'est donc une bonne idée de revoir régulièrement vos priorités financières. Plutôt que de vous soucier de la façon dont chacun s'efforce d'obtenir les richesses et la splendeur incalculables, la pleine conscience vous oblige à vous concentrer sur les choses qui vous apportent un réel épanouissement et un réel confort.

En matière d'argent, la pleine conscience peut faire une énorme différence en matière de budgétisation. La budgétisation nécessite de comprendre les types de dépenses que vous effectuez habituellement, ainsi que la discipline nécessaire pour effectuer des changements lorsque cela est pertinent. Le suivi des dépenses vous ouvrira les yeux et vous aidera à examiner de plus près les tendances qui soutiennent ou vont à l'encontre de vos objectifs. Par exemple, des achats impulsifs opportuns et fréquents peuvent motiver une approche plus réfléchie des dépenses, comme réserver du temps pour examiner si chaque dépense est à la hauteur de vos attentes.

La pleine conscience vous aide à gérer l'incertitude avec perspective et patience lorsque vous investissez ou planifiez votre retraite. La planification financière, en revanche, est invariablement parsemée de périodes de doute ou de peur en raison des fluctuations des marchés. Elle vous aide à éviter les réactions instinctives aux fluctuations à court terme et à rester concentré sur la situation dans son ensemble. Être conscient de ce qui se passe actuellement peut aider un propriétaire d'entreprise à prendre des décisions financières basées sur la stratégie et non sur l'émotion.

La pratique de la gratitude est également une habitude consciente qui fait des merveilles pour votre revenu et votre carrière. La gratitude vous fait passer d'une pensée de pénurie à une pensée d'abondance, vous apprenant que vous pouvez valoriser ce que vous avez maintenant, tout en poursuivant vos objectifs futurs. Par exemple, être reconnaissant pour un salaire régulier ou pour les connaissances que vous avez acquises tout au long de votre vie professionnelle vous permet de ressentir un sentiment de satisfaction malgré votre quête continue de plus hauts sommets.

Il ne s'agira pas d'un processus rapide entre tous vos choix et la façon dont vous allez gérer votre carrière et vos finances. Vous devez vous traiter avec bienveillance et patience pour y parvenir. Un échec temporaire peut également être à l'ordre du jour, mais ce sont des occasions d'être plus sage, et des décisions plus sages mèneront à de meilleurs résultats. Ce faisant, vous pouvez être centré et confiant pour prendre les décisions les plus importantes et les plus cruciales de la vie en toute clarté. Avec la pleine conscience, la carrière et l'argent cessent d'être une source de stress – ils deviennent plutôt un moyen d'alignement et d'épanouissement, vous permettant de créer la vie que vous désirez vraiment.

Décisions intentionnelles en matière de santé et de bien-être

Bien que la santé et le bien-être soient essentiels à une bonne vie, il est difficile de faire des choix judicieux dans ces domaines, au milieu des revendications contradictoires, des attentes sociétales et des vies trépidantes. La pleine conscience offre une voie vers une plus grande clarté, vous permettant d'aborder les décisions liées à la santé avec le bénéfice de la paix, de l'intention et de la perspicacité en accord avec vos valeurs. Avec conscience et intention, vous pouvez prendre des décisions qui correspondent réellement à votre santé physique, mentale et émotionnelle.

Le point de départ pour prendre des décisions en matière de santé consciente est de prêter attention à votre corps et à ses divers signaux. L'humanité a une approche réactive de la santé, où les gens y pensent lorsque des problèmes surviennent. La pleine conscience est l' inverse : elle vous apprend à écouter et à vous connecter à votre corps pour remarquer quand quelque chose ne va pas avant que cela ne devienne un problème. Par exemple, remarquer des signes subtils de fatigue, de stress ou d'inconfort peut vous amener à faire des choix opportuns comme changer votre régime alimentaire, vous reposer correctement ou consulter un professionnel.

Prendre des décisions éclairées en matière de santé, c'est aussi faire abstraction des influences extérieures. Avec les publicités qui vantent les dernières tendances en matière de fitness auprès d'amis et de membres de la famille bien intentionnés qui partagent leurs conseils, la surcharge d'informations peut rendre difficile de déterminer ce qui fonctionnera pour vous. La pleine conscience vous permet de trier ces informations en vous concentrant uniquement sur les éléments qui correspondent à vos objectifs et à votre situation. Prenez un moment pour réfléchir à une nouvelle routine d'exercice ou à un changement de régime alimentaire et demandez-vous si cela correspond à vos besoins, à vos capacités et à votre style de vie. Cette évaluation délibérée garantit que les réactions instinctives aux forces extérieures de la nature ou aux modes passagères ne vous obligent pas à prendre une décision .

Il est essentiel de comprendre nos émotions pour faire des choix de santé conscients. Les comportements liés à l'alimentation, à l'exercice physique et aux soins personnels sont souvent motivés par les émotions et peuvent ne pas favoriser le bien-être à long terme. Le stress ou l'ennui peuvent déclencher une suralimentation, tandis que l'insuffisance peut déclencher un régime extrême ou un excès d'exercice physique. La pleine conscience vous aide à remarquer ces déclencheurs émotionnels tout en vous abstenant de juger, ce qui vous laisse la possibilité de répondre au lieu de réagir . Plutôt que de stresser et de consommer des aliments réconfortants, vous pouvez opter pour la méditation, la respiration ou une promenade paisible pour résoudre la source de votre stress.

Objectifs réalistes et bienveillants : une dimension consciente de la prise de décision en matière de santé Le manque de patience peut entraîner des revers et une stagnation des progrès en raison de la frustration, de l'épuisement professionnel ou de l'autocritique. La pleine conscience favorise l'autocompassion dans votre parcours de santé, sachant que vous n'atteindrez pas vos objectifs en un jour et que les revers font naturellement partie du processus. La pleine conscience, par exemple, vous aide à oublier la culpabilité si vous sautez une séance d'entraînement ou mangez de la malbouffe, car elle renforce l'idée qu'il est important de recentrer votre attention sur la situation dans son ensemble, et non sur des ratés sporadiques.

Si vous devez prendre des décisions importantes en matière de santé, comme choisir un plan de traitement ou un changement de mode de vie, la pleine conscience peut vous aider à structurer vos décisions de manière plus facile à gérer. Suivez les informations appropriées provenant de sources fiables et, si nécessaire, de professionnels. Ensuite, trouvez un espace sacré dans lequel vous pouvez méditer sur la décision : notez les pensées qui traversent votre esprit, les sentiments dans votre cœur et les sensations corporelles. Cette pratique vous aide à faire la distinction entre la peur ou l'anxiété et la véritable intuition, ce qui vous permet d'être orienté vers les décisions qui vous conviennent.

La pleine conscience, elle aussi, concerne les petits comportements durables, ceux qui durent et conduisent finalement à un bien-être durable. Des initiatives de grande envergure, comme suivre un régime drastique ou s'inscrire à un programme de santé intensif, peuvent fonctionner pendant un certain temps, mais sont généralement difficiles à respecter. Privilégiez plutôt les habitudes simples et intentionnelles que vous pouvez facilement intégrer à votre routine quotidienne. Les petites victoires · Dix minutes chaque matin pour vous étirer · Grignoter des fruits au lieu de sucre · Se coucher à une heure fixe chaque soir, bon sang · Tout cela semble être de petites victoires insignifiantes sur le moment, mais l'effet cumulé peut être monumental.

Mettre en avant la gratitude dans votre parcours de santé développe une attitude positive et renforce votre motivation. La gratitude change la comparaison entre ce que vous pensez manquer et ce que vous possédez. Lorsque vous appréciez votre corps pour ce qu'il peut faire en ce moment — marcher, respirer, exister — vous développez un sentiment de respect plus doux, ce qui vous conduit à choisir des options plus nourrissantes. Lorsque nous exprimons notre gratitude pour de petites victoires (prendre le temps de boire un verre d'eau ou rester actif pendant 5 minutes), nous renforçons le sentiment dans notre esprit que quelque chose progresse, que nous sommes sur la bonne voie.

En fin de compte, la prise de décision consciente en matière de santé et de bien-être n'est pas une question de perfection, mais de conscience et d'objectif. Ainsi, en écoutant votre corps, en éliminant le bruit, puis en développant la réflexion et l'attention dans votre processus de prise de décision, vous construisez un processus sain, une expérience de santé qui vous est propre. Avec la pleine conscience, les choix axés sur la santé passent du statut de corvées redoutées à celui d'actes d'amour-propre et de développement, vous aidant à vivre une vie plus colorée et harmonieuse !

Choix de style de vie et environnementaux

Chaque décision que nous prenons au quotidien , de nos habitudes à nos achats, affecte non seulement notre vie personnelle, mais aussi l'environnement qui nous entoure. Un mode de vie conscient et des choix environnementaux sont des choix qui se font en étant conscient que nos actions représentent réellement nos valeurs et le monde dans lequel nous voulons vivre. Si nous pouvons être intentionnels et responsables dans ces choix, cela nous permettra de construire une vie qui incarne nos priorités internes tout en servant un objectif positif à plus grande échelle.

Dans nos habitudes quotidiennes, choisir en pleine conscience commence par prendre conscience des routines qui définissent notre vie. La plupart de ces habitudes fonctionnent en mode pilote automatique, par commodité ou par pression sociale plutôt que par intention délibérée. La pleine conscience nous invite à faire une pause et à nous demander : nos routines nous servent-elles bien ? Ou ont-elles besoin d'être révisées ? Par exemple, lorsque vous vous réveillez, vérifiez votre téléphone. Cela vous donne-t-il l'impression de commencer la journée avec enthousiasme ou cela engendre-t-il de l'anxiété et de la distraction ? En évaluant ces habitudes, vous pouvez remplacer les habitudes inconscientes par des mouvements qui peuvent ajouter encore plus d'équilibre et de joie à votre vie.

Faire des choix en pleine conscience signifie aussi comment nous consommons. Notre culture de consommation nous permet d'obtenir facilement des choses sans nous demander si nous en avons besoin ou quel impact elles auront. La pleine conscience nous éloigne des achats spontanés pour nous diriger vers des achats ciblés. Demandez-vous si cet achat va vraiment enrichir votre vie ou s'il s'agit d'un achat impulsif avant d'acheter un article. Concentrez-vous sur sa qualité, sa durabilité et les efforts et ressources nécessaires pour le produire. Cette pratique vous permet non seulement de minimiser votre bagage dans la vie, mais aussi de vous sentir obligé de fonctionner en phase avec la durabilité.

Un troisième exemple de prise de décision réfléchie concerne l'impact sur l'environnement. Qu'il s'agisse de nourriture, de vêtements ou d'articles ménagers, nous laissons une empreinte sur la planète avec chaque produit que nous utilisons. La prise de conscience des interconnexions est le point de départ d'un comportement respectueux de l'environnement. Vous pouvez commencer par apporter de petits changements à votre mode de vie, comme éliminer les plastiques à usage unique, acheter des produits locaux ou passer à des appareils électroménagers économes en énergie. C'est important car chaque décision s'ajoute à un effort à plus grande échelle qui change le monde !

Prendre conscience de l'environnement peut également signifier réinventer la gestion des déchets. Il a été démontré que le simple fait de recycler, de composter ou de réutiliser des objets allège la pression sur les ressources naturelles et encourage un sens de responsabilité. De plus, participer à des activités telles que la préparation de repas pour réduire le gaspillage alimentaire ou le transport de sacs en tissu et de bouteilles d'eau réutilisables favorise non seulement la durabilité, mais facilite également la vie. De tels choix de vie et habitudes sont non seulement bénéfiques pour l'environnement, mais créent également un sens du devoir et de l'intention dans vos actions !

La première étape pour prendre des décisions respectueuses de l'environnement consiste à comprendre que la perfection n'est pas l'objectif. Les problèmes mondiaux peuvent être intimidants, rappelle le bibliothécaire de pleine conscience, mais nous devons toujours faire l'effort de prêter attention aux choses que nous pouvons changer. Même des actions simples et régulières – comme faire du vélo plutôt que de conduire sur de courts trajets, acheter auprès d'entreprises éthiques ou réduire sa consommation d'énergie – ont un impact important à long terme. Poursuivre ces efforts sans se décourager, c'est accepter le progrès et non la perfection.

Il n'est pas nécessaire de modifier radicalement votre mode de vie pour adopter la pleine conscience. Travaillez à rebours : remarquez comment vos choix reflètent vos valeurs et comment ces choix vous font sentir, vous et votre famille. Par exemple, si vous vous concentrez sur la santé et la durabilité, vous pouvez décider de préparer vos plats à partir d'ingrédients crus à base de plantes entières plutôt que d'aliments transformés. Vous souhaitez soutenir les artisans et les entreprises locales si la communauté et les liens ont une signification pour vous.

Cela vous encourage à prendre ces décisions dans un esprit de gratitude et de pleine conscience. Pensez au temps, à l'argent et à l'énergie consacrés aux produits et services que vous utilisez. Même quelque chose d'aussi simple qu'une tasse de café nécessite de nombreuses personnes et ressources naturelles. Cette compréhension vous rappelle d'apprécier ce que vous avez et vous incite à prendre des mesures qui redonnent à la Terre et à l'humanité.

Un mode de vie conscient et des choix environnementaux se résument à vivre en harmonie avec vos propres valeurs et le monde en général. Vivre intentionnellement à travers vos choix quotidiens et minimiser votre impact englobe un mode de vie qui sert non seulement vous-même, mais aussi le bien collectif de la Terre. Chaque choix conscient, même le plus petit, témoigne d'un mode de vie plus conscient et intentionnel qui mène à un avenir meilleur pour vous et la planète.

9

Adopter une vie de clarté et de présence

Vous en avez pris conscience et avez adopté une approche consciente de la façon dont vous avez grandi et évolué. Au cours de cette expérience, vous avez appris des pratiques et des idées qui vous aideront à répondre à la vie avec plus de clarté et de présence. Vous avez découvert comment éliminer l'impact des émotions et des pressions extérieures sur vos choix et favoriser la prise de conscience dans vos habitudes quotidiennes, vos relations et votre santé ; des outils qui vous permettent de vivre de manière plus authentique, avec intention et objectif.

La pleine conscience consiste à créer un espace entre ce qui vous est demandé sur le moment et votre réponse afin que vous puissiez répondre à la situation au lieu de réagir sans réfléchir. Ce voyage vous a appris à faire la différence entre l'intuition et la peur, à gérer le stress, à résoudre les conflits (avec empathie et sans réaction). Vous avez accepté l'inconnu, fait confiance à votre processus de prise de décision et choisi des choses qui correspondent à vos valeurs. De la carrière aux finances, en passant par les relations, la santé et l'environnement, chaque choix représente un engagement envers la présence et le but ; leurs pratiques vous ont aidé à naviguer dans ces domaines complexes.

Cette pratique de prise de décision consciente ne sera durable et durable que si nous l'intégrons à notre vie quotidienne. Cela commence par la cohérence. La mise en place de pratiques telles que la méditation, la tenue d'un journal ou la respiration consciente offre une base qui vous permettra de vous arrêter, de réfléchir et d'agir avec intention. Il suffit de quelques minutes chaque jour pour mettre en œuvre ces pratiques dans votre vie et commencer à apporter des changements fondamentaux dans votre processus de prise de décision. Avec le temps, la pleine conscience devient moins une activité et davantage un état d'être qui guide votre vie à la fois dans les moments anodins et les moments cruciaux de votre vie.

Pour continuer sur cette lancée, soyez adaptable. Naturellement, la vie change aussi, et votre pratique de la pleine conscience doit également changer. Certains jours, une méditation appropriée vous semblera impossible, mais une marche consciente ou un arrêt pour suivre votre respiration peuvent être le terrain dont vous avez besoin. Le secret consiste à vous rencontrer là où vous êtes, en douceur et avec beaucoup de souplesse.

Un autre élément est la réflexion ! Vérifiez continuellement si vos décisions, vos comportements et vos habitudes sont toujours en phase avec vos valeurs et vos objectifs. Cette prise de conscience vous permettra de rester en phase avec votre objectif, de sorte que quoi que vous fassiez, vous le fassiez avec des intentions conscientes. La réflexion vous permet également de reconnaître vos progrès, de célébrer votre évolution , mais aussi de reconnaître les domaines dans lesquels vous devez encore explorer.

Enfin, créez un réseau de responsabilisation. Lorsque vous partagez votre parcours de pleine conscience avec d'autres personnes – par écrit, par le biais d'une conversation ou d'une méditation de groupe, par exemple – vous renforcez votre propre engagement tout en créant des liens plus forts avec les autres. Les conseils d'un réseau utile peuvent vous ouvrir les yeux sur de nouvelles idées et vous apporter de la motivation lorsque vous en avez le plus besoin.

Avoir un objectif et être clair, c'est faire de son mieux avec les informations dont nous disposons à un moment donné. En lien : Il s'agit moins de chaque instant que d'être présent, d'apprendre et de tirer le meilleur parti des choses La vie est pleine de choix, grands et petits, et cela nous rappelle que chaque choix est une chance de vivre en accord avec vos valeurs et de devenir la personne que vous voulez être. Même les mauvais virages et les hésitations sont utiles, vous propulsant sur le chemin d'une personne toujours plus stable et familière.

Et à mesure que vous persévérez et progressez, sachez que la pleine conscience n'est pas une fin en soi, mais une pratique continue. Chaque respiration consciente, chaque hésitation avant une action et chaque moment de bienveillance envers vous-même et envers les autres contribuent à une vie pleine. La clarté et la présence nées d'une pratique de pleine conscience s'étendent bien au-delà de l'individu, bénéficiant non seulement à vous-même, mais aussi aux personnes qui vous entourent.

En acceptant ce voyage, vous optez pour une vie pleine de sens, affrontant les défis avec courage et savourant l'instant présent. Une telle vie est le cœur de la pleine conscience ; une vie basée sur la clarté idéologique, une vie vécue avec un objectif et une vie reconnaissant que chaque choix a le potentiel de changer votre vie.

À propos de l'auteur

Evangeline Brooks est une auteure reconnue et une leader d'opinion dans les domaines de la pleine conscience, de la croissance personnelle et de l'exploration philosophique. Dotée d'une profonde capacité à distiller des concepts complexes en une sagesse accessible, elle a captivé les lecteurs du monde entier. Ses ouvrages précédents, L'art d'être heureux : une exploration philosophique, Méditation et le chemin vers la découverte de soi : se connecter à sa véritable essence et L'art de lâcher prise : surmonter l'ego et lâcher prise, ont fait d'elle une voix de confiance pour ceux qui recherchent la clarté et le sens de la vie.

Dans son dernier livre, Pause and Decide: A Mindful Approach to Everyday Decisions, Brooks approfondit son exploration de la pleine conscience, en proposant des stratégies pratiques pour faire les choix de la vie avec grâce et intention. S'appuyant sur sa vaste compréhension de la méditation, de la psychologie et de la philosophie, elle permet aux lecteurs d'adopter un mode de vie plus présent et plus déterminé.

Connue pour ses idées transformatrices et son style d'écriture empathique, Evangeline Brooks continue d'inspirer les lecteurs à cultiver la paix intérieure, la résilience et l'authenticité dans un monde en constante évolution.